大学通识教育教材

大学生创业基础教程
（第二版）

DAXUESHENG CHUANGYE JICHU JIAOCHENG

主　编　李德平
副主编　游　艺　徐健宁
编　委　汤淑琴　王军花　曹　薇　王合义

中国教育出版传媒集团
高等教育出版社·北京

内容提要

本书是大学通识教育教材。

本书融汇体现党的二十大精神，旨在培养大学生创新创业精神，提高大学生创新创业意识，增强大学生创新创业能力。主要内容包括创新创业基础概论、创业者与创业团队、创业机会与风险、创业资源、创业计划书、新企业创办与管理、创业政策。

本书既可作为高等学校创业课程的教学用书，也可作为社会人士培养自身创业能力的参考用书。

图书在版编目(CIP)数据

大学生创业基础教程／李德平主编．—2版．—北京：高等教育出版社，2022.9（2024.1重印）

ISBN 978-7-04-058266-6

Ⅰ.①大… Ⅱ.①李… Ⅲ.①大学生－创业－高等学校－教材 Ⅳ.①G647.38

中国版本图书馆 CIP 数据核字（2022）第 048852 号

策划编辑	宇文晓健 刘音香	责任编辑	宇文晓健	封面设计	张文豪	责任印制	高忠富

出版发行	高等教育出版社	网　　址	http://www.hep.edu.cn
社　　址	北京市西城区德外大街4号		http://www.hep.com.cn
邮政编码	100120	网上订购	http://www.hepmall.com.cn
印　　刷	江苏德埔印务有限公司		http://www.hepmall.com
开　　本	787mm×1092mm　1/16		http://www.hepmall.cn
印　　张	14.25	版　　次	2017年12月第1版
字　　数	232千字		2022年9月第2版
购书热线	010-58581118	印　　次	2024年1月第4次印刷
咨询电话	400-810-0598	定　　价	33.00元

本书如有缺页、倒页、脱页等质量问题，请到所购图书销售部门联系调换

版权所有　侵权必究
物　料　号　58266-00

第二版前言

党的二十大报告指出："加快实施创新驱动发展战略。""完善促进创业带动就业的保障制度。""高质量发展是全面建设社会主义现代化国家的首要任务。"要实现这一目标，离不开教育的重要支撑和主动作为。其中，创新创业教育因其与产业行业联系紧密的特征，成为推动学科交叉、连接专业创新与实际应用的重要载体，能够帮助和支撑各学科科研育人、实践育人、平台育人，也有助于培养学生的核心素养及知识跃迁能力，为人力资源素质的全面提升和战略型人才的储备奠定基础。

潮平两岸阔，风正一帆悬。我国已经形成了创新链、产业链、人才链、资金链、政策链贯穿一体的创新创业生态系统，这已成为我国经济发展的强劲动力，也成就了一批批新型创业力量的崛起。以移动互联网、云计算、大数据为代表的新一代信息技术产业加速成长，人工智能、虚拟现实、基因工程药物等新技术产业化加快，共享经济等模式快速发展，跨境电商、移动医疗等新业态蓬勃兴起，战略性新兴产业不断发展壮大，这些创新创业的热点已成为促进经济平稳增长、转型升级的重要力量。

为了鼓励大学生创新创业，国家和高校从平台搭建、政策改革、学科建设、课程调整等不同层面、不同角度培养学生创新创业能力，为创新创业创造更好的条件和环境。创新创业教育是以培养创新意识、创新精神、创新思维、创新能力为目标的创新人才的培养活动。大学生作为创新创业的生力军，越来越多人在思考为什么要创新创业、要怎么创新创业等问题？回答这些问题是对创新创业者的考验，也是对创新创业教育者的挑战。

与第一版相比，第二版在侧重创新创业基础理论、相关技能讲授的同时，更加侧重文化育人功能，注重挖掘案例中的思政育人功能；结合现实情况，本着"篇幅适度、内容基础、新颖有趣"的原则，对内容进行了修改，补充了新时代案例，启迪学生，浸润心灵；更新了创业政策的内容，希望能够进一步激发读者的创新创业兴趣和热情。

本书的修订和出版是我校创新创业课程建设和教学改革的重要内容之一，得到了各方鼓励和支持。编者们在理论研究的基础上坚持积极探索创新创业课程改革路径，一方面，承担了多项大学生创新创业项目指导任务，努力提升个人创新创业实践能力；另一方面，通过搜集和访谈等形式，积极完善个人创新创业理论研究。

本书共分为七章，由主编统一组织编写和修正。第一章"创新创业基础概论"，由李德平撰写；第二章"创业者与创业团队"，由徐健宁撰写；第三章"创业机会与风险"，由汤淑琴撰写；第四章"创业资源"，由游艺撰写；第五章"创业计划书"，由王军花撰写；第六章"新企业创办与管理"，由曹薇撰写；第七章"创业政策"，由王合义撰写。以上各位专家为本书的编写和修订付出了大量心血和辛勤劳动，在此一并表示感谢！

尽管我们尽了最大的努力，力求使本书能为读者所接受，受编者的水平所限，难免会存在这样或那样的问题，真诚地希望读者批评指正。

李德平

第一版前言

当前，培养适应经济新常态发展趋势和服务国家经济社会发展的创新创业人才上升到服务国家战略的高度。2015年国务院办公厅《关于深化高等学校创新创业教育改革的实施意见》提出要坚持育人为本，坚持问题导向，坚持协同推进；全面深化高校创新创业教育改革，形成科学先进、广泛认同、具有中国特色的创新创业教育理念，普及创新创业教育；促进人才培养质量显著提升，学生的创新精神、创业意识和创新创业能力明显增强，投身创业实践的学生显著增加；不断提高高等教育对稳增长促改革调结构惠民生的贡献度，为建设创新型国家、实现"两个一百年"奋斗目标和中华民族伟大复兴的中国梦提供强大的人才智力支撑。近期，李克强总理又再次强调要推动大众创业、万众创新，着力激发全社会创新潜能。我们有1.7亿多受过高等教育或拥有专业技能的人才，蕴藏着巨大的创新潜能，这是我国经济发展用之不竭的最大"富矿"；要不拘一格用好各方面创新人才，集众智、汇众力，提高社会创新效率。作为人才培养主阵地的高等学校需要适时而动，在开展创新创业教育、促进高等教育改革方面不断探索。教育部高教司也对创新创业教育教学改革进行指导，提出要健全创新创业教育课程体系，在传授专业知识过程中加强创新创业教育。创新创业教育的精髓在实践育人，创新创业教育改革的核心在转变理念，促进专业教育与创新创业教育的融合，可以形成全过程育人环节，激发学生的创新力、创造力和创业力。

大学生创业教育是面向全体大学生的通识教育，体现的是创新人才培养的教育理念。随着知识经济的发展，创业教育已成为世界高等教育发展和改革的新趋势，大学生创业教育的目标，是让学生掌握基本的创业基础知识和基本理论，熟悉创业的流程和基本方法，了解创业的法律法规和相关政策，从而激发大学生的创业意识，提高学生的社会责任感、创业精神和创业能力，促进学生全面发展。东华理工大学创新创业教学团队结合地方特色、学校特色、专业特色在创业教育改革的道路上已探索十年之久，尝试拓展第二课堂、开设 SYB 创业课程、打造专业融合的创业实践平台等，形成了"一体两翼"的创业教育格局与"333"创业教育实践育人模式，成立了创新创业教育学院以及各学院、各部门联动的全员创新创业教育机制。科研反哺教学、导师学生互动、三大平台（实验平台、实训平台、实践平台）互通的育人氛围，形成了丰富的教学实践成果，积累了一批大学生创业案例。

　　本教材是在教育教学改革不断深入的进程中，由来自企业学、创业学、教育学、法学、计算机等学科的教授、博士结合各自的研究成果共同担纲完成的。本教材立足本校学生案例，结合学校地学特色，以期通过较为全面的理论知识和偏向技术性指导的结构设计，在全面总结本校大学生创业案例基础上形成。本书共有 7 章，第一章"创新创业基础概论"，由李德平撰写，介绍了创新与创业教育的基本概念和联系，创新与创业能力培养的内容以及大学生创业的优劣势和几种主要模式；第二章"创业机会与风险"，由汤淑琴撰写，介绍了创业机会的识别、评估与创业风险；第三章"创业团队"，由徐步朝撰写，介绍了创业团队的组建与管理；第四章"创业资源"，由游艺撰写，介绍了创业资源的概念、种类，创业资源的获取与有效使用；第五章"创业计划书"，由谭海、任强撰写，详细介绍了创业计划书的作用和撰写技巧；第六章"新企业创办与管理"，由曹薇撰写，介绍了初创企业的创办流程、管理和注意事项；第七章"创业政策"，由王合义、臧德彦撰写，介绍了创业企业的法律责任及大学生创业政策等内容。在本书的创作过程中还要感谢学校教务处、校友办等单位对书稿撰写和出版的大力支持，特别感谢创业导师黄德娟教授为本书第五章无私提供的教学案例。

　　本教材由李德平教授担任主编，创新创业教育学院院长臧德彦、文法学院副院长游艺担任副主编，经全体编委反复讨论修改，由李德平、臧德彦统稿完成。

　　本书在编写过程中，借鉴、参考了部分国内外创新创业教育与指导方面的文献资料，以及一些专家学者的理论和观点，在此一并表示感谢！

　　创业教育改革永远在路上，创业教育服务高等教育发展和育人的目标也还任重道远，由于时间和编者水平所限，书中难免有疏漏，敬请读者批评指正。

编写组

目　录

第一章　创新创业基础概论 …………………………………………… 1

学习目标 / 1

案例导入 / 1

第一节　创新与创新能力 / 3

第二节　创业与创业教育 / 13

第三节　创业精神与大学生创业 / 23

思考题 / 34

第二章　创业者与创业团队 …………………………………………… 35

学习目标 / 35

案例导入 / 35

第一节　创业者 / 37

第二节　认识创业团队 / 44

第三节　创业团队组建 / 51

第四节　创业团队管理 / 59

思考题 / 68

第三章　创业机会与风险 ……………………………………………… 69

学习目标 / 69

案例导入 / 69

第一节　创业机会概述 / 71

第二节　创业机会识别 / 78

第三节　创业机会评估 / 83

第四节　创业风险 / 92

思考题 / 104

第四章　创业资源 ······ 105

学习目标 / 105

案例导入 / 105

第一节　创业资源概述 / 107

第二节　创业资源获取 / 113

第三节　创业资源整合 / 120

思考题 / 129

第五章　创业计划书 ······ 130

学习目标 / 130

案例导入 / 130

第一节　创业计划书概述 / 131

第二节　创业计划书的基本结构与撰写技巧 / 134

第三节　创业计划书的撰写 / 138

思考题 / 168

第六章　新企业创办与管理 ······ 169

学习目标 / 169

案例导入 / 169

第一节　了解企业常识 / 170

第二节　新企业注册流程 / 182

第三节　新创企业的管理 / 187

思考题 / 201

第七章　创业政策 …… 202

　　学习目标 / 202

　　案例导入 / 202

　　第一节　企业的相关法律和责任 / 203

　　第二节　大学生创业政策 / 208

　　思考题 / 213

参考文献 …… 214

第一章　创新创业基础概论

【学习目标】

1. 了解创新、创业的内涵、特点及关系。
2. 掌握大学生创业教育的实质。
3. 评估自我创新创业潜力，理性做出创业选择。
4. 培育创新创业精神，提升创业意识。

案例导入

黄利明的创业人生

黄利明，资深财经媒体人，"尺度"科技董事长，德林社出品人，万有新媒（北京）信息科技有限公司创始人、CEO。2003年，他毕业于南昌大学广播电视学专业，先后任新京报创刊记者、经济观察报高级记者、中华工商时报新媒体总编辑。其创办的财经新媒体德林社荣获30多个业界大奖，创业公司累计获得逾2 000万元私募股权融资，如今其创办的"尺度"App下载量逾120万。

创业理想：大学目标之笃定

他大学期间就立志向财经新闻发展，并通过自身努力进入报社实习、工作。当《经济观察报》创刊号出现在南昌大学校园时，橙色的新闻纸吸引了黄利明的目光，那一刻，他就立志要去这家打出"理性·建设性"口号的财经媒体去实习、工作。在大三下学期初，他在《经济观察报》成立一周年的"生日"上，致电报社表示"祝福"，并提出了实习申请。一周之后，他被通知可以到报社进行毕业实习。

创业启蒙：媒体

他始终不忘自己的目标，在大学期间，曾到多家媒体进行实习。正是在《经济观察报》的际遇，黄利明的采访报道及撰稿能力得到认可。

2005年4月，黄利明回到《经济观察报》，负责上市公司、券商、证监系统的报道。此后在《经济观察报》工作的7年时间，他拿过三个年度杰出作品奖，两个年度杰出记者奖，三次成为全国两会报道记者。这也让他更加坚信，人的价值实现，不仅仅来自媒体，来自自己笔下，更来自真切地为他人创造价值，为市场创造价值，为客户创造价值。黄利明认定创业之路是自己的必选之路。

创业发展：坚持初心

2012年，他开启了自己曾经立下的创业梦想。在之后的两年，他曾以核心团队成员、非主导者的方式参与过三个创业项目。这些经历也让黄利明更加明白，一个不适合执行的决策往往会飘在空中，一个无法为决策结果负责的领导者更无法带领团队成功。

黄利明把创业想法告诉合伙人李德林，两人不谋而合，确定了将创业项目定位在社群金融上，而突破口则是财经短视频。做财经短视频、脱口秀，正好发挥李德林的强项，其核心就是以财经脱口秀为切入口，目的是让专业而又通俗的内容走近寻常百姓，让大家了解资本真相，让投资真正成为一种修行。

2014年11月19日"德林爆语"正式上线推出，这是黄利明真正走向创业之路的起点。

创业融资：1亿元估值

创业至今，德林社已经荣获30多个业界大奖，微信粉丝逾60万，全网粉丝逾400万，成为各大门户平台的优质"头部"。

综合考量了其他专业投资人对德林社的投资意愿，以及根据德林社的粉丝量、流量、会员情况与经营状况，黄利明团队将德林社估值定在了5 000万。

2019年7月，德林社从财经社群升级为股票投资社区，黄利明旗下"尺度"App逆势完成千万级"Pre-A轮融资"，估值1亿元。

在黄利明的规划中，"尺度"将被开发为更强大的大数据服务平台，

"尺度"App 就是要为投资者、上市公司、机构投资者搭建一个良好的投资者关系管理互动桥梁,做好价值发现、价值挖掘、价值输出、价值管理、财富管理的服务。

创业感悟

(1) 创业一定要注意社会价值。自己的项目能够为社会带来什么积极的改变,这是创业者需要思考的。

(2) 创业要有团队精神。创业犹如戈壁行走,一个人可以走很快,一群人可以走很远。一个人决策更快,更加高效;但要做成一件大事,一群人才能走更远。创业初期的团队,价值观比能力更重要。

(3) 创业者要有攻坚克难的精神。每一位优秀的创业者都应该是行动派,珍惜每一个机会,在关键时刻能够解决问题,不会容忍自己在机会面前不作为、不承担。

思考:

如何看待大学生创业的可行性?

第一节 创新与创新能力

我国经济的增长已从要素驱动、投资驱动转向创新驱动。创新也是创业的核心要素。培养创新人才具有重要战略意义。

一、认识创新

创新是个综合性概念,随着社会发展,其内涵也在不断变化。创新是一种革新,是在现有物质和精神的基础上引入新概念、新事物的过程。创新的内在特性体现在以下几个方面:

首先,创新要立足现实。创新是对现实存在的变革和超越,如科学发现、技术革新等皆源于对社会需求的思考,没有一项创新活动可以脱离社会实际而顺利发展。

其次,创新要批判继承。创新是对已有观念和做法的突破,尽管任何领域的发展必须在继承前人的基础上进行,但是创新中的继承不是"照单全收"、简单重复,而是坚持一分为二,即继承好的方面,批判、改变不合时宜的方面。

再次,创新要尝试探索。创新不是一蹴而就的,必须通过不断尝试和探索,放弃不切实际的观点,实现符合规律的设想,从而发现、发明新的事物。因此尝试探索是创新必不可少的要素,否则创新就只是空谈,不可能实现促进客体发展的目的。

最后,创新要标新立异。如果仅仅按照既定的规范重复和模仿,就无法创造新事物,不能实现创新。在创新实践中,我们要敢于打破旧式束缚,或不断拓宽人类新的活动领域、提出新的思想、开发新的产品等,以取得新突破,或将原先没有的因素引入旧的体系而获得新发展。

二、创新的特点和内容

(一)创新的特点

1. 目的性

创新是有目的的活动,其目的就是不断地满足人类自身生存发展的需要。具体来讲,创新总是围绕着解决一定的问题而进行的,总是与完成某个任务相联系。因此,创新是一种有目的地认识世界和改造世界的实践活动。

2. 普遍性

创新存在于一切领域,没有哪个学科、哪个行业、哪个领域永远是一成不变的。

3. 永恒性

创新是人的本能,只要有人类活动,就有创新活动,这种活动受人类自我实现本能的支配。另外,人类的有些活动有可能终止,但创新永远不会终止。

4. 新颖性

创新是把新的或重新组合和再次发现的知识引入所研究对象系统的过

程，是引入新概念、新技术或革新的过程，因而其成果必然是新颖的，与过去相比具有新的因素或成分。唯其新，才能具有优势，才能战胜旧事物。

5. 价值性

从创新成果看，创新具有明显、具体的价值。创新成果可以分为社会价值、经济价值和学术价值，即具有一定的社会和经济效益。创新是各种事物进步与发展的共同因素，它能够满足人们的某种需要，促使企业获得成功，国家经济活力得到增强，社会取得进步与发展。若没有价值，创新也就失去了意义。

6. 创造性

创新是对原有事物、现有知识和已有创新成果的再次发现和重新组合，既包括使知识达到新的深度和广度，又包括修正错误和更新知识；既包括从研究新情况、新问题中获得新知识和新成果，又包括从研究老情况、老问题中获得新知识和新成果。

创新面前人人平等，谁都有可能成为创新的强者，没有人是绝对的权威。很多时候，我们对权威的过分迷信往往会形成对创新活动的巨大阻碍。

延伸阅读1-1

权威心理

人们普遍都有相信权威的心理。心理学家穆勒曾做过一个实验，他提出了一些问题，请100名学生做书面回答。答卷交上后，他做了简单讲评，并谈到了某位学术权威对这些问题的见解。后来他又发下答卷，要学生进行修改，结果学生们都不假思索地采用了学术权威的意见。

这便是心理学上著名的"权威实验"，证明了人们普遍存在"相信权威胜于相信自己"的心理。

（二）创新的内容

创新的内容通俗讲包括两个方面：无中生有和有中生无。无中生有是指科学发现和技术发明，有中生无则指对现有事物的改进。

无中生有的事例数不胜数，可以说整个世界发展史就是一部创新的历史。从钻木取火、电的发现到世界上第一台蒸汽机、电灯、电话、计算机、电视、激光和原子能的发明等，都是无中生有的结果，都是伟大的创新，都改变了整个人类的生活。现在网络已成为人们生活、工作、学习中不可缺少的东西，移动应用软件正在改变我们的生活方式。未来的世界将是怎样？很难预测，要知道预测未来比创造未来还难！尤其是进入互联网高速发展时代，相对于无中生有来说，有中生无的事例就更多了。

三、创新的原则和过程

（一）创新的原则

创新的原则就是开展创新活动所依据的法则和判断创新构思的标准。

1. 科学相容原则

创新不得违背科学规律。在进行创新构思时，要注意以下几点：

（1）必须进行科学原理相容性检查，与科学原理是否相容，是检查创新设想有无生命力的根本标准。

（2）必须进行技术方法可行性检查，如果设想所需要的条件超过现有技术方法可行性范围，则该设想还只能是一种空想。

（3）必须进行产品性能合理性检查，新设想的功能体系是否合理，关系到该设想是否具有推广应用的价值。

2. 相对较优原则

创新不可盲目追求最优、最佳、最美、最先进。许多创新设想都各有千秋，这时，就需要按相对较优的原则，对设想进行判断选择。判断是否相对较优要注意以下几点：

（1）从创新技术先进性上比较，看是否领先和超前。

（2）从创新经济合理性上比较，看是否合理和节省。

（3）从创新整体效果性上比较，看是否全面和优秀。

3. 机理简单原则

在现有科学水平和技术条件下，人们如不限制实现创新方式和手段的复杂性，所付出的代价可能远远超出合理程度，使得创新的设想或结果毫无使用价值。因此，在创新的机理方面，人们要遵循以下几点：

（1）新事物所依据的原理是否重叠，超出应有范围。

（2）所拥有的结构是否复杂，超出应有程度。

（3）所具备的功能是否冗余，超出应有数量。

4. 构思独特原则

兵法中一直强调"出奇制胜"。所谓"出奇"，就是"思维超常"和"构思独特"。创新贵在独特，创新也需要独特。在创新活动中，往往要从创新构思的新颖性、开创性和特色性几个角度进行系统的检查和思考。

5. 不轻易否定原则

在分析评判各种创新方案时应注意避免轻易否定的倾向。创新的广泛性和普遍性都源于创新具有的相融性。我们应尽量避免盲目地、过高地估计自己的设想；同时，也注意珍惜别人的创意和构想。简单的否定与批评是容易的，难得的却是闪烁着希望的创新构想。

（二）创新的过程

创新的过程一般分为两大步四个阶段：两大步，即想和做；四个阶段，即准备阶段、思考阶段、顿悟阶段和验证阶段，如表1-1所示。

表1-1 创新过程的四个阶段

序　号	创新过程	内　　涵
1	准备阶段	找准问题，搜集资料；分析问题，找到创新的关键点
2	思考阶段	针对问题关键点，寻找解决问题的突破口
3	顿悟阶段	在顺着问题的突破口思考的过程中，有所顿悟
4	验证阶段	只有通过验证，才是可信的

创新就是要敢于想前人所未想、做前人所未做。若想都不敢想，就更谈不上做。想是前提，首先要敢想，也就是要善于进行创造性思考。我们经常听到"我一直以为那样做是不行的""我以前从来没有想到过，让别人一说还真是那么回事"等类似的话，因此要经常做一些"敢想"的练习。

千里之行，始于足下。仅仅有好的想法是远远不够的，还要敢于去实践。事实上，并不是每一个创意都能转换成很好的结果，都能被市场所接受，不去实践，就不会知道新想法到底会产生什么效果。"要是失败了多丢人啊""大家都会笑我的"，拥有这些想法的人绝不可能成为很好的创新者，一定要敢于尝试!

四、创新与创业的关系

(一)创新是创业的动力和源泉

创业通过创新拓宽商业视野,获取市场机遇,整合独特资源,推进企业成长。创业的关键在于创新,创新是创业的源泉,持续创新必然推动和成就创业。创新能力是最重要的创业资本,创业者在创业过程中需要具有持续旺盛的创新精神和创新意识,需要独特、活跃、科学的思维方式,这样才可能产生富有创意的想法或方案,才可能不断寻求新的思路、新的方法、新的模式、新的出路,最终获得创业成功。

创新案例

(二)创新的价值常常体现于创业

创新的价值就在于将潜在的知识、技术和市场机会转化为现实生产力,实现社会财富增长,造福人类社会。创业可实现创新成果的商品化和产业化,将创新的价值转化为具体、现实的社会财富。创业者必须具有能发现潜在商业机会并敢于冒险的特质,科技创新成果也必须经由创业者推向市场,使其潜在价值市场化,使创新成果转化为现实生产力。

(三)创业的本质是创新

创业应该是具有创业精神的个体与有价值的商业机会的结合,即开创新的事业,其本质在于把握机会、创造性地整合资源、创新和超前行动。创新包括技术创新、制度创新和管理创新。对于创业者及其所创建的企业来说,创新就是将新的理念和设想通过新产品、新流程、新需求,以及新的服务方式有效地融入市场,进而创造新的价值或财富的过程。

(四)创业推动并深化创新

创业可以推动新发明、新产品或新服务的不断涌现,创造出新的市场需求,从而进一步推动和深化科技创新,因而能提高企业或者整个国家的创新能力,推动经济增长。创新和创业相辅相成,二者的动态融合,以及相互影响对于创业成功和企业成长至关重要。创业和创新的融合是一个动态整合、集成与优化的过程,在这一过程中,创新精神、创业能力和市场意识始终是创业成功和企业持续成长的内在动力。

> **创业故事 1-1**
>
> ### 刘庆峰和科大讯飞
>
> 科大讯飞于 2020 年拿了 11 项世界冠军，不仅包括语音方面，也包括图像认知方面，等等。过去，科大讯飞在人工智能的历史上留下了一个又一个印记，包括首次让语音合成水平超过真人，首次让语音识别水平超过速记员，首次让智能翻译通过国家翻译师资格考试，等等。
>
> #### 大学期间的创新
>
> 1992 年，刘庆峰考入中国科学技术大学。在入校的第一次摸底考试中，他拿到了几乎所有数理学科考试的第一名。由于成绩突出，导师王仁华教授将他选入了"人机语音通信实验室"团队。
>
> 第一次走进"人机语音通信实验室"时，刘庆峰就被眼前一排排由计算机合成的人声震撼。他看到自己所擅长的数学知识被应用于信号处理，导师还向他提出了未来可以研发"自动翻译电话"的畅想。王仁华是一位开明的师长，给了刘庆峰很大的研究自由度。王仁华认为实验室里一个产自日本的语音分析工具效率太低，问刘庆峰能否用三个月时间，将效率提高 1 倍。刘庆峰仅仅花了一个月时间，就将它的效率提高了 10 倍。于是，王仁华让刘庆峰牵头，将这个科研成果做成优化语音合成系统，并报名参加当年的国家 863 计划成果比赛。比赛中，刘庆峰开发的系统不仅音质出众，还具备优良的语音自然度，合成的语句接近人声，成为当年最轰动的科研成果。
>
> 1996 年，刘庆峰带领他的小团队在全国"挑战杯"大学生科技作品竞赛中毫无争议地获得了第一名。这一年的暑假，华为邀请他去深圳优化 114 的电话语音平台，他用了两个月的时间，就完全解决了让电话语音接近真人声音的问题。这次与华为的合作，让刘庆峰知道了语音技术是可以实现产业化的。
>
> #### 科大讯飞的初创
>
> 回到学校后，刘庆峰向王仁华提出，希望一边攻读博士，一边创业。之后，他找到了中科大论坛 8 个版主中的 6 人，还有其他的 11 个同学，一起组建了 18 人的创业团队。他们 18 个人在一个民宅里没日没夜地工

> 作，穷得连空调都买不起。他们的想法很简单，只有创新才有意义。他们没日没夜地研究，就是为了在语音领域有所突破。由于缺少营销经验和产业突破口，其资金链一度断裂。但他们并没有放弃，扛着压力继续前行。
>
> 不过，其产品在第一次的展销会上却失败了，于是他的合作者们提出让刘庆峰来当 CEO，成立一家公司。1999 年，科大讯飞成立了。
>
> 在紧迫感与责任感的驱动下，刘庆峰带领团队从电信呼叫、旅游信息服务、工商税务查询等产业中不断探索，并成功将语音芯片植入家用电器、车载系统、儿童玩具等终端设备。2004 年，科大讯飞扭亏为盈。2008 年 5 月，科大讯飞成功登陆深交所，成为中国第一家在校大学生创业成功上市的公司。刘庆峰也成了全球科技领域巨头级别的人物。
>
> 思考：
> 你如何认识创新与创业的关系？

五、提升创新能力的途径与方法

（一）注重创新个性

人若没有个性，就没有创造性，就没有发展。个性是指人的性格在后天活动中逐步形成的习惯和行为方式，它包括一个人的处世原则、对事物的态度和活动方式三个基本要素。创新个性就是在对待事物的态度方面，能具备从事创新活动所必需的、正常的、健全的心理。大学生可以从以下方面注重创新个性的培养：

一要树立远大理想和抱负，提高创新欲望。大学生要胸怀远大理想，要有立志为国家、社会作贡献的创新欲望。创新欲望越强烈，越利于激发创新激情与创新意识。

二要坚信自己具有创新能力。提高创新能力的首要心理条件，就是充分坚信自己具有创新潜能。坚定的创造信心，有利于大学生磨炼锐意进取、百折不挠的意志，进而形成创新思维并开展创新活动。

三要培养探索问题的敏感性。大学生要培养自己对新生事物的好奇心和观察问题的敏锐性，遇事多问几个"为什么"，不要对什么事都习以为常，要能及时发现和抓住新生事物的苗头，把握创新机会。

四要善于开动脑筋，保持思维的独立性，养成独立思考问题、解决问题的习惯。爱因斯坦曾指出："发展独立思考和独立判断能力，应当始终被放在首位，而不应当把获得专业知识放在首位。"可以说，没有独立思考，就没有爱因斯坦的"相对论"。

五要保持良好的竞争心态，积极参与竞争，在竞争中进行自我激励。

（二）消除主观障碍

影响大学生创新思维发展的障碍包括：传统观念的束缚、不加批判地学习和固执己见等。这些都是大学生需要克服和消除的障碍。

传统的理论、观点和方法，往往束缚人们思想。如果大学生在思考问题时，总是过于轻信教科书和迷信学术权威的观点，不敢超越前人半步，常进入别人的思维轨道，就会阻碍自己发挥创造性思维。大学生在学习探索活动中，要突破传统观念的束缚，敢于对传统学术观点大胆进行质疑。

任何创新都是在继承基础上进行的，广博的知识基础能促进人的创新思维活动。

如果大学生在学习过程中，只继承不批判，机械地照搬别人的知识，就不利于创造性思维的发展。因此，大学生应保持思维的批判性，在学习前人的知识时做到批判地汲取。批判就是质疑或否定，而质疑或否定就意味着创新活动的开始。

（三）优化知识结构

知识是人类进行观察、思考和想象的基础。没有丰富的知识支持，就不可能有丰富的想象力，而想象力在创新能力的内在形成机制中起着十分重要的作用。虽然知识的多少和创新能力并不成正比关系，但有着内在的关联，必要的知识储备是创新活动的重要前提。因为任何创新都是对已有的理论、方法、规范等的突破，如果一个人对前人的知识、技能不能很好地继承，达到融会贯通，就很难有所"突破"，提出自己新的思想、观点和方法。著名的生理学家巴甫洛夫曾对青年们说："你们要在攀登科学顶峰之前，务必把科学的初步知识研究透彻。"因此，大学生对知识结构的建构与优化，应注重以下几个方面：

首先，努力学习和掌握渊博的基础理论知识，力求融会贯通、化知为智。

其次，在努力拓宽知识面的同时，强化知识的系统性和整体效应。大学生除了要学好专业知识，还应对社会、经济、政治、人文、管理等方面的知识有所了解，掌握与专业相关的学科知识和技术要领，并注重各学科知识间的交叉、渗透与综合。

最后，不断进行大容量的新知识储备。大学生要注重对最新理论、最新技术和最新信息的了解，不断探求新的知识，努力掌握社会、文化、科技发展的最新动向。

（四）掌握创新方法

学习和掌握一些科学的创新理论和方法，是培养提高大学生创新能力的关键途径。科学的创新理论和方法是科学家们在长期的科学创造实践中探索总结出来的，对大学生创新能力的培养提高具有很强的指导意义。对大学生来说，创新理论和方法主要表现在：

一要掌握辩证唯物主义世界观和方法论，遵循辩证唯物主义的认识路线，用正确的认识论指导自己的实践，避免在创新活动中走弯路、误入歧途。

二要学习有关创造学原理，掌握创新活动的内在机制、基本过程和内容，学会如何进行创新，同时还应掌握从事科学研究的一般方法、技能和规律，以提高科研能力。

三要学会运用创新思维方法，如求异思考、求同思考、反向思考、联想思考、类比思考等创新思维方法。

四要掌握创新技法，如移植创新法、逆向创新法、外向创新法和极端化创新法等一些科学的创新技法。

（五）参加社会实践

社会实践是人类能动地改造自然和社会的活动。人类的实践活动具有能动性、客观性和创造性等特点。可以说，一切创新的内容都来源于社会生活和社会需求。在校大学生应充分认识社会实践对创新活动的重要性，多途径参加社会实践，如积极参加社会调查活动、社会实习活动、课外兴趣小组活动，以及亲身参与科研课题的研究工作，等等。大学生应积极参加社会调查活动，有助于了解和掌握现实生活中出现的新问题、新情况和新需求；应积极参与社会实习，有助于发现现有的理论、观点和研究方法在现实条件下遇到的新挑战，为寻找"创新点"，确立"创新选题"创造条件；应积极参加科研课题的研究，有助于大学生对学过的知识进行综合与深化，在科研中提升知识。

另外，大学生在实践方法上，一方面要坚持实践内容和形式的多样性，以实现多侧面、多领域锻炼；另一方面要强调实践的创新性，提高实践的层次，每一次实践不能只简单地重复过去，只有在内容和形式上都比过去有所发展，有所突破，才能有所创新。同时，大学生还应注重在群体实践活动中相互学习、取长补短，提高自己。

第二节 创业与创业教育

"大众创业、万众创新"成为我国经济发展的新引擎，让学生认识创业、具备创业意识，参与创业，具有重要意义。

一、认识创业

（一）创业的内涵

"创业"一词最早见于《孟子·梁惠王下》："君子创业垂统，为可继也。"《现代汉语词典》中对"创业"一词的解释为"创办事业"，而"事业"是指人所从事的，具有一定目标、规模和系统并对社会发展有影响的经济活动。《辞海》对"创业"的解释是创立基业，而"基业"是指事业的基础。由此可见，创办事业是创业的本质。

经济学家熊彼特于1934年提出了现代意义上的创业概念，即"执行一些新的组合，我们称之为创业；执行这些组合的人，就是创业者"。具体说来，新的组合包括：开发新的产品，采用新的生产方法，开辟新的市场，寻求新的供给来源和实现新的组织形式。

创业的内涵包括以下几点：

（1）创业的主体是个人或小规模群体。

（2）创业的关键是对商业机会的发掘与把握。

（3）创业者的身份是资源（知识、能力、社会资本等）所有者和资源（资金、技术、人员、机会等）配置者。

（4）创业需要创立新的社会经济单元。

（5）创业的价值实现有赖于将所提供的产品和服务在市场上转化为商品。

（6）创业是一个创造性的过程，具有创新性。

（7）创业具有目的性，即增加财富，包括个人和社会的物质与精神财富。

总之，创业是具有创业精神的创业者、商业机会、组织与技术、资金、人力资本等资源相互作用、相互配置，以创造产品或提供服务的动态过程。

（二）创业的要素

美国学者蒂蒙斯是从事创业学教育的教育家，早期一直是该领域最权威的人士，他提出的蒂蒙斯模型是理解创业要素的基本工具。他所强调的商机、资源与团队三要素，在概念上与中国传统的"天时、地利、人和"三要素一一对应。当然，由创业概念的变化可知，创业主要包括创业者、商业机会、技术、资源、人力资本、组织、产品服务等几个方面。

1. 创业者

创业者是创业过程中处于核心地位的个人或团队，是创业的主体。创业者在创业过程中起着关键的推动和领导作用，包括识别商业机会、创建企业组织、融资、开发新产品、获取和有效配置资源、开拓新市场等。因而创业者的素质和能力是创业成功的第一要素。

2. 商业机会

创业过程的核心是商业机会问题，创业者从发现和识别商业机会开始创业。商业机会的最重要特征是设想中的产品或服务具备潜在的市场需求，它是市场中现有企业留下的市场空缺。商业机会就是创业机会，它意味着顾客能得到比当前更好的产品或服务的潜力。机会具有可利用性、永恒性和适时性三个特点。因此，及时地发现、识别并抓住有价值的创业机会，是成功创业的第一步。

3. 技术

技术是一定产品或服务的重要基础。产品与服务中的技术含量及其所占比例，是企业满足社会和市场需求的重要保障，是企业的核心竞争力。

4. 资源

资源是组织中的各种投入，包括各种人、财、物。资源不仅指有形资产，如厂房、机器设备，也包括无形资产，如专利、品牌；不仅包括个人资源，如个人技能、经营才能，也包括社会网络资源，如信息、权力影响、情感支持、金融资本。创业者的关键职能之一是吸引这些资源，将其转化为市场需要的产品和服务，实现商业价值。

5. 人力资本

人力资本是创业的重要资源投入。创业成功的关键在于创业者的识人、用人、留人。形成创业的核心团队，制定有利的政策制度和有效的组织结构，建立良好的企业文化是建立人力资本的核心。

6. 组织

组织是协调创业活动的系统，也是创业的载体，是资源整合的平台。离开组织创业的问题就无从谈起，创业活动就无法协调，创业资源就无法整合，创业者的领导作用就无法发挥。从广义来说，创业型组织是以创业者为核心形成的关系网络，不仅包括新设组织之内的人，还包括这个组织之外的人或组织，如顾客、供应商和投资人。

7. 产品服务

产品服务是创业者为社会创造的价值，它既是创业者成功的必要条件，也是创业者对社会的贡献。

（三）创业的特点

创业具备以下特点：

1. 自觉性

创业是创业者自觉做出的选择，是其能动性的反映，必须是有创业意愿的行动。

2. 创新性

创新是创业的主旋律。创业过程是一个不断创新的过程，创业者首先要有创新动机、创新意识和创新精神。只有不断创新，企业才会有生命力。

3. 风险性

创业是有风险的。一般来说，创业可能有五个方面的风险：

一是政策风险。特别是临时性、突发性的政策法规，对创业企业可能产生较大的打击。

二是决策风险。不同的决策方案有不同的机会成本，创业者对市场的把握失误和经验的缺乏都容易放大这种风险。

三是市场风险。这是核心风险因素，如更强势的竞争对手出现导致竞争加剧，市场形势变化。

四是扩张风险。如果盲目扩张，不能与企业能力、市场需求合拍，是极其危险的。

五是人事风险。人事风险不仅仅表现在使企业组织不能正常运行，还表现在当员工不能为创业企业所用时，竞争对手会来挖企业的"墙角"等。

4. 利益性

创业以增加财富为目的，没有利益的驱动，就不会有人能够承担创业所面临的风险。创业过程中获利的多少，往往也是人们衡量创业者成功与否的重要标志。

5. 曲折性

创业者往往要受到重重挫折，经过多年艰苦奋斗，倾注大量心血，才能获得成功。创业者必须做好吃苦的思想准备，只有在困难面前不屈不挠，才能成为笑到最后的成功者。

二、创业教育

1989年11月，联合国教科文组织在中国北京召开了"面向21世纪教育国际研讨会"，会上澳大利亚埃利雅德博士首次提出了创业教育的概念。他认为学习社会的第三张通行证，即事业心和开拓技能通行证。这要求把事业心和开拓技能教育提高到与学术性和职业性教育通行证所享有的同等地位。

（一）创业教育的内涵

对创业教育的定义，国内外文献的界定不同，其教育目标也不同。美国著名的创业教育研究机构考夫曼基金会对创业教育的定义是:"创业教育是这样一种过程,它向被教育者传授一种概念与技能,以识别那些被别人忽视了的机会,以及当别人犹豫不决时他们有足够的洞察力与自信心付诸行动。"国内学者从教育学、经济学等不同学科出发对创业教育也有不同的界定。

我们可以对创业教育这样理解:所谓创业教育,是指培养受教育者的创业素质,使创业者能够在社会经济、文化、政治领域内具有创业能力的教育活动。从受教育者来看,就是要具有事业心、进取心、探索精神、冒险精神等;从教育者来看,就是传授和培养人们具有从事某项事业、商业规划和活动的知识和能力。由此可见,创业教育虽然不能使每一个受教育者成为创业者,但可以使每个人都具有创业精神和创业能力。为此高等学校的创业教育,就是要开发和提高大学生的创业基本素质与潜能,培养具有开创性个性的人才,不断提高学生的综合素质,培养大学生创业意识、创业能力和创业人格,增强大学生的创新意识、创造精神,激发大学生的创业精神,使其为社会的经济发展发挥自己的主动性和创造性。

(二) 创业教育的特点

虽然不同学者提出了不同的创业教育观念,但是各种定义之间也存在着共性。这些共性显示了创业教育的共同特点,主要表现在:

1. 创新性

创新性是创业教育的核心所在,是创业活动最核心的要素及最本质的特征。创新既是创业活动的重要组成部分,又是创业活动的前提和基础。缺乏了创新这个基础的支撑,创业就成了空中楼阁。创新也正在日益成为我们国家和民族发展的灵魂力量。

2. 实践性

创业教育的突出特点之一就是其实践性。创业教育的目标是培养学生的创业技能和创业精神,也就是培养学生具有创新、冒险、把握机遇的人格特质,这些特质的形成离不开实践。因此,教师的讲授与学生的学习都应强调在实践基础上,尽可能地获得实际经验,增强学生对创业的理解,形成创业意识。我们在鼓励和引导学生创业的同时,更应该强调对学生动手能力和实践能力的培养。

3. 社会性

创业本身受到诸多社会环境因素的影响,尤其是社会发展程度、经济发展水平，以及国家的法律法规和相关产业政策等社会因素对创业活动施加着相当大的影响。因此，创业教育的内容和创业教育的方法都与社会实际紧密相关，创业教育与社会现实之间的关系非常密切。

4. 时效性

创业教育与其他教育相比，具有鲜明的时效性。创业是在社会发展到一定阶段，出现特定的商业机会时而产生的一种现象，在具备了一定的时间、地点和条件的情况下，创业随机而生。同样，创业也会随着生存土壤的流失而消失。因此，也正是由于创业教育的时效性，决定了其教育内容随着时间、地点和条件的变化而变化。

5. 商业性

创业教育的教学目标和内容决定了它具有浓厚的商业性特征。创业教育的目的在于直接教授创业知识能力，或塑造创业精神，其课程内容有很大一部分是围绕着经济、企业、管理等方面展开的。由于"创业"蕴含着商业意味，其创业教育的商业化内涵也就显得相对较强。

（三）创业教育培养体系

创业教育的提出是高等教育在信息化和经济全球化背景下深入发展的必然趋势和重要标志，也是素质教育与创新教育的延伸、深化和发展。积极构建大学生创新创业培养体系，对于培养具有创新精神、创业意识、创新创业能力并适应市场经济所需要的高素质人才具有重要意义。

1. 制定科学合理的创业教育目标体系

根据经济、社会发展的客观要求，以及创业人才素质需求，及时调整高等教育培养目标是实现创业教育的先导性问题。创业教育目标体系包括四项基本要素：创业精神、创业知识、创业心理、创业能力。

（1）培养创业精神。创业教育可以使大学生了解在市场经济条件下，将强烈的创新精神和持续的创业能力相结合，将所学的专业知识和众多的市场机会相结合，才能有效地保证收获社会财富，才有可能在社会经济获得发展的同时实现个人抱负和理想。因此，社会必须在青年大学生中营造浓厚的创新创业氛围，使大学生切身感受培养创新精神和创业能力的重要性和紧迫感，自觉锤炼创新精神和创业意识。

（2）丰富创业知识。创业教育可以使学生学习国内外成功创业者和创业企业的成长历程和特征；了解创业者应具备的品质、素质和能力，以及如何培养这些品质、素质和能力；了解创业需要怎样的知识和技能的积累，需要什么样的市场环境和条件；学习如何制订企业计划，如何捕捉商机，如何整合有效资源，如何开始创建企业；学会如何筹措创业资金，制订财务计划和规避市场风险；等等。由此可见，创业教育对于改善学生的知识结构、拓宽学生的知识量、增强学生的创业技能是十分必要的。

（3）健全创业心理。创业教育可以使学生学会沟通和协调，并在以下几个方面健全学生的创业心理：一是积极的处世态度、正确的行为方式、严谨的工作作风，学会诚实守信做人、努力工作。二是强烈的自信心，使学生真正懂得创业的艰辛，培育出靠自己不懈努力争取成功的坚定信念和毅力。三是积极的竞争意识和团队合作精神，既敢于超越别人，又善于和他人沟通与合作。四是坚韧不拔的毅力，做事果断坚决，能持之以恒，遇到挫折和打击百折不挠，具有很强的适应性。五是能够承受内外环境压力，经受挫折不会被压倒，在困境甚至危机面前镇定自若，善于控制自己的情绪，化解困难局面。

（4）提高创业能力。创业教育，可以培养学生的创业技能。这些技能包括如何把握商机，如何组织创业团队，如何发挥团队人力资源优势，如何为创业企业融资并使其健康成长，等等。归纳起来就是创业所必需的创新能力、策划能力、组织能力、指挥能力、控制能力、协调能力和管理能力。

2. 构建完善的创业教育培养体系

高等院校应创立和完善创业教育工作机制，制定创业教育目标，建立与创业教育配套的制度，如实行全面学分制，减少专业课必修学分，给学生以更多的自主选择空间投身于创业实践；通过休学、转学、弹性学制、学分互换等制度，处理好公选课程与必修课程、专业课程和创业课程、创业课程和创业实践、实习基地与经济实体的关系；要努力使学校的产学研教育资源为学生创新创业服务，充分利用社会资源、网络教学、远程教育等培养学生的创业技能。

创业教育的培养体系应融入各专业人才培养方案，建立在对教学内容和教育方式改革的基础上，注重创新和实践；深化课程体系改革，优化课程设置，摒弃陈旧的教学内容和教学方式，加大实验、实习和社会实践等教学环节在整个课程体系中的比例；建立健全课程质量标准，改革课程考核方式，提高学习效果；完善创新创业教育评价指标体系，鼓励创新和激励创业；在教学中加强基础课程、专业课程与其他学科课程的交叉融合，在培养学生具有扎实基础知识和系统掌握本学科专业技术支持的基础上，开设经济学、管理学、法学、财务会计、外语、计算机等课程，拓宽学生知识量，加强学生文化底蕴；加大选修课课程比例，增加各专业方向选修课课程群的设置，增强创业课程群的选择性和弹性，开设不同类型的实验班、特长班等，拓宽学生自主选择空间，满足学生个性化培养需求，激发学生的学习兴趣；增设侧重于创业的综合性、实践性知识的创业实践课程，以必修、限制选修或者直接参与创业实践等形式，让学生全面获取创业所需的多样性知识。

3. 重塑创业教育课程的教学机制

创业教育课程的出现，以其前瞻性、自主性、开放性、实践性、活动性、实用性表现出生机和活力。改革、创新创业教育教学机制势在必行。一是创新课程教学内容，贯通古今中外，涵盖政治、经济、管理、文化、法律、科技等学科，贯穿谋略、技巧、模式、方法、手段等技能；同时，创业课程还要发挥与经济建设联系紧密的特点，凡是经济建设中急需的新知识、新技术、新工艺、新方法应积极融入创业教育课程体系。二是教学形式要创新，创业课程的课堂可以在教室，也可以在实习基地，还可以在企业，更可以在市场。教师应该注重学生接受创业的过程和结果，而不要过分拘泥于教学计划和形式。三是师生关系要创新，在创业课程及实践活动中，师生关系和假设是多变的，有时是师徒关系，有时是领导与员工的关系，有时是债权人与债务人的关系，创业教育中新型师生关系已经成为我国高校推行素质教育进程中的亮点。

三、我国创业教育发展趋势

随着高等教育改革逐步深入，我国高校创业教育的理论与实践也逐渐由星星之火发展成为燎原之势，国家与高校自上而下地适时推进大学生创业教育转型发展。从促进创业教育发展角度看创业教育发展趋势，主要包括以下几个方面：

(一)创业教育理念趋势:由技能型教育向素质型教育转型

一段时期里,高校开展创业教育,是出于毕业生就业压力的现实困境,只是为了增强学生的就业技能,给扩招以后为数众多的毕业生寻找就业出路。因此,创业教育的出发点也基本停留在培养学生就业、创业技能的层面,创业教育仅仅作为职业生涯规划课或者就业指导课的组成部分。2015年5月,国务院办公厅下发《关于深化高等学校创新创业教育改革的实施意见》,其中明确提出"建立健全课堂教学、自主学习、结合实践、指导帮扶、文化引领融为一体的高校创新创业教育体系,人才培养质量显著提升,学生的创新精神、创业意识和创新创业能力明显增强,投身创业实践的学生显著增加"的目标。结合教育部此前《关于大力推进高等学校创新创业教育和大学生自主创业工作的意见》中提出的创新创业教育"要在专业教育基础上,以转变教育思想、更新教育观念为先导,以提升学生的社会责任感、创新精神、创业意识和创业能力为核心,以改革人才培养模式和课程体系为重点,大力推进高等学校创新创业教育工作",各高校要不断转变教育理念,把创业教育的理念由技能型教育向素质型教育转变,把学生的创业素质培养融入人才培养理念中。

(二)创业教育对象趋势:由面向个别学生向面向全体学生转型

创业教育是对高校教育人才培养模式新的探讨。为了探索创业教育模式,高校应从自身培养人才角度出发,不断探索教育方式。一部分高校面向有创业意愿的学生试办创业精英班,开展创业人才的培养。但是大部分学校一直以来还是按照计划经济的模式来培养人才。因此,以培养创新精神、创业意识和创新创业能力为核心的创新创业教育,准确地把握了高校人才培养目标的新趋向,历史性地承担了高等教育人才培养模式改革的新任务。2015年国务院办公厅下发《关于深化高等学校创新创业教育改革的实施意见》,其中明确提出:"把深化高校创新创业教育改革作为推进高等教育综合改革的突破口,树立先进的创新创业教育理念,面向全体、分类施教、结合专业、强化实践、促进学生全面发展。"由此,创新创业教育由面向个别学生向全体学生转型是对高等教育人才培养模式创新的积极回应,使每个学生接受创业教育,增强学生的创新精神与创业意识,使其具有敢于创新和勇于承担风险的精神。教育部《关于大力推进高等学校创新创业教育和大学生自主创业工作的意见》中也提出了使创新精神、创业意识和创业能力成为评价人才培养质量的重要指标。相关部门、科研院所、行业企业要修订专业人才评价标准，细化创新创业素质能力要求。不同层次、类型、区域高校要结合办学定位、服务面向和创新创业教育目标要求，制定专业教学质量标准，修订人才培养方案。

（三）创业教育途径趋势：由第二课堂向第一课堂转型

随着创业教育的发展，创业教育途径也发生根本转变，即从原来的第二课堂逐步地过渡到第一课堂，主要体现在以下几个方面：一是将创业教育理念融入专业教育课程之中，同时，打通一级学科或专业类下相近学科专业的基础课程，开设跨学科专业的交叉课程；二是注重人文教育与科学教育相结合，强调创业教育课程中人文社科类课程与自然科学课程的相互渗透，注重学科间的沟通与互动，体现文理渗透和交融，适应大学生人文修养、个性化发展和创业精神的需求；三是注重知识教育与能力教育的融合，通过各种创业课程实践教学加强大学生创业能力的培养和训练，激发和培养大学生创业意识和创业精神，同时这也是激活理论教学内容、启迪学生思维、培养学生创业能力的关键。

（四）创业教育资源趋势：由相对封闭向全方位开放转型

毫无疑问，高校是大学生创业教育的主体，但仅以高校教育资源为依托，不可能解决创业教育的所有问题。早期，在整个社会系统中，高校开展创业教育处于孤军奋战状态，即便在高校内部，创业教育也远远没有形成合力，相当一部分学校从事创业教育的人员仅仅局限于学生管理或就业管理部门，众多的校内机构也仍然游离于创业教育之外，没有整合校内的资源很好地用于开展创业教育，仅仅局限于校内的封闭资源，没有充分调动政府、企业、社会组织的参与，利用社会资源弥补学校资源的不足。随着社会的发展，高校必定要开门办学，要同社会接轨，创业教育资源的利用也必将是全方位的。2015年国务院办公厅《关于深化高等学校创新创业教育改革的实施意见》明确指出应"集聚创新创业教育要素与资源，统一领导、齐抓共管、开放合作、全员参与，形成全社会关心支持创新创业教育和学生创新创业的良好生态环境"。如充分利用政府资源、企业资源、各种社会资源等。目前，许多高校充分认识到了创新创业教育资源的发展趋势，坚持整合并利用各类创新创业教育资源，协同推进，汇聚培养合力。

综上所述，大学生创新创业教育的转型是创业教育由初期探索向中期提升发展的必由之路，是创业教育由规模扩张向内涵发展的有效途径。只有这样，中国的创新创业教育才能形成自己的特色、体系和成熟的模式，为社会培养出更多更好的具有创新精神、创业意识和社会责任感的合格建设者、可靠接班人。

第三节　创业精神与大学生创业

素质教育的任务是培养具有创业精神的创新人才，分析研究创业精神对开展创业教育具有重要的意义。开展创业教育要使学生了解大学生创业的基本情况。

一、创业精神

创业精神既是创业的动力源泉，也是创业的精神支柱，是成功创业的前提。

（一）创业精神的内涵

人的精神状态可以影响自己从事的工作。精神涉及的是人的活动情感、意志力，创业精神的培养是创业教育的重要内容。哈佛大学商学院对其的定义是："创业精神就是一个人不以当前有限的资源为基础而追求商机的精神。"它说明的是一种创新，就是在没有前人经验的前提下，通过个人的努力来发现商机，从而创造商业机会，而不是简单地体现为创造新企业。

总体来说，创业精神的定义一般包括以下三个方面：

第一，抓住商机。具有创业精神的人在市场经济条件变化的情况下，能够敏锐地认清市场经济的发展趋势和变化，从而发现商业机会。

第二，创新。创新随着人类文明的产生而产生，随着人类文明的发展而发展。创业精神本身就包含了变革、革新、转换和引入新产品、新的生产方法或新的市场。

第三，增长。创业者追求个人价值的实现与经济财富的增长。创业者希望在自己的不断努力下，在与员工的共同努力下，使自己的企业尽可能地发展壮大，不断地创新，不断地推出新产品和新的经营方式。

这三点是创业所需的内在要求。

创业精神的衡量标准主要反映在：一是有能力推陈出新，从现有产品、服务和流程中创造出新的产品、新的服务或新的流程；二是能承担风险，有变革志向；三是推崇积极、勤奋精神；四是敢于竞争。创业精神的衡量标准对我们开展创业教育、确定教育目标具有重要的指导意义。

（二）创业精神的内容

创业精神应包含更为广泛具体的内容，创业精神主要包括：创业意志、创业品德、创业思维、创业信心等因素。这些因素可以使创业者解放思想、知难而进、积极探索、敢于冒险、勇于创新、敬业勤奋、艰苦奋斗、自强不息、自信勇敢。

1. 创业意志

意志是人自觉地确定目的，并根据目的支配、调节行动，克服困难，实现目的的心理过程。意志是反映人在认识和变革主、客观现实过程中的主观能动作用，是人的意识能动性的集中表现。意志和行动是密不可分的，意志支配调节着行动，并在行动中表现出来。意志的特征主要表现在意志的自觉目的性、果断性、坚持性、自控性和科学性等方面。意志常和克服困难联系在一起。创业者在创业过程中会碰到许多困难，坚强的意志使创业者能在困难面前经受住考验，并能够抓住机会，克服困难。创业意志是人有意识地培养的结果，可以通过目的性教育、实践活动等环节来培养创业者的意志。

2. 创业品德

创业品德是创业精神的主要组成部分，在创业精神各要素中起着导向的作用。创业品德主要包含以下三方面的内容：一是勤劳。创业者只有通过合法的正常劳动才能成为一名真正的创业者，经过努力才有可能创业成功。二是要有坚定的理想信念。创业者必须有远大的理想、明确的目标和坚定的信念，这是创业者强有力的动力支持，要坚信自己所开展的创业活动一定能够成功。三是乐于奉献，有责任感。创业不仅是实现个人人生价值的途径，也是服务社会、为他人作贡献的有效手段，创业不仅解决个人就业，也为社会提供就业岗位。

3. 创业思维

思维决定出路，创业思维是创业者创业成功的主要素质之一。创业思维具有以下三种性质：一是独立性，创业者对教师的讲授内容会根据自己的理解独立思考，并且敢于质疑现有的理论，具有独立和独到的思维方式与方法，该项品质是大学生创业成功的主要因素之一。二是创造性，创业者通过思考不仅能揭示事物的本质，还能在此基础上提出新的、建树性的设想和意见。具有创造性思维的人，在遇到问题时，能够从多角度、多侧面、多层次去思考问题。创业本身就是创新，需要从前人没走过的路中探索自己的路，这正是创业者必须具备的品质之一。三是缜密性，创业者思维具有系统性、全面性和严谨性，考虑和解决问题能够做到全面、周到，能够拿出系统的方案，既具有开创性、开拓性，又具有严谨性。思维缜密的人创业考虑问题能够周到，设计方案能够完善。这样很容易得到社会的认同，在创业过程中能够获得更多的支持。

4. 创业信心

创业信心坚定是成功的创业者重要的个性特征之一。创业者不仅相信自己，还相信自己的事业、自己的团队。成功的创业者普遍都有很强的自信心，相信自己的判断和决定。

（三）创业精神的作用

创业教育的重要任务就是培养大学生的创业精神，因为创业精神是使大学生的创业意识向创业行动转变的精神支柱，是推动大学生将主观想法变为现实行动、克服创业过程中各类困难的精神力量，是创业者必须具备的品质。

1. 创业精神是推动创业意识向创业行动转化的精神力量

大学生走向创业之路，由创业意识到创业行动，是一个漫长的过程，需要经过创业设想、市场调查、创业计划等环节，还需要具备一定的人力、物力和财力等。具备创业精神的人能够发挥自觉能动性和主观创新能力，不断探索并解决创业过程中的各类问题，将创业想法转变为创业实践。只有具备创业精神的人，凭借自己的创业思维、创业个性，才能将各环节顺利完成。这是创业精神自觉能动性发挥作用的表现，在本质上是创业精神推动着观念自主创新能力向实践自主创新能力的深化和发展。

2. 创业精神是大学生发挥自身潜能的精神力量

具有创业精神的大学生，必然具有创业个性、创新精神，并具有较强的环境适应能力，面对各项工作，能够以前瞻性的思维与眼光做出预测与判断，创造性地将工作做好；在面对自己人生目标时，也能根据自己所处的环境和面临的新情况及时调整，而不是面对困难时消极被动地等待和忍耐。在市场经济条件下，每个人都会面临多岗位的职业转换，工作性质、工作压力、工作环境，以及新的人际关系，都是新的考验，具有创业精神的人具备良好的自我调节能力，就能够适应各类环境，充分发挥出自身的潜能，事业更加成功。

3. 创业精神是大学生创业成功的精神力量

大学生在创业路上，会面临许多想不到的困难，大学生刚从大学校园走上创业之路，首先，在融资上面临着很大困难，再加上融资途径尚不健全，很少有人会将资金投向刚毕业的大学生。其次，大学生由于自身人际交往的原因，还没有足够的能力处理与各类人之间的关系。这些因素都将制约大学生创业。创业者要克服自身不足，面对各类困难迎难而上，凭借顽强的创业意志，不断解决问题。这都需要创业精神的支持，才能使创业走向成功。

（四）创业精神的培育

创业精神的培育不可能在一朝一夕之间完成，需要在日常的生活与学习中有意识地培养，潜移默化地铸就。

1. 创业榜样示范创业精神

创业精神是可以学习的，每一个创业者在创业初期，都应该对已经创业成功或者没有成功的人有尽可能多的了解，但这种学习不要对自己的创业形成束缚。人们所学会的每一件事都是实践的结果，而每一个创业者在创业历程中，都不可避免地犯过错误，任何一位企业家都会牢记自己和其他创业者经历了怎样的磨难才取得了今天的成功。例如汽车大王亨利·福特曾经破产过四次。

创业实践证明：学习别人成功的经验，可以使人更快成功；汲取别人失败的教训，可以使人不复制失败。就像家长从小就告诫孩子不要用手去摸太热的东西一样，实际上如果没有家长的教诲，这个世界上每天不知要发生多少被烫伤的事故。

2. 创业环境磨炼创业精神

大学生要敢于参与竞争，经受竞争环境的考验。当今社会充满竞争和挑战，需要大学生大胆展示自己，努力把握各种创业机会。这就要有敢想、敢做、敢闯、敢冒险的心理品质，这些心理品质只能从行动中来、从竞争中来、从实践中来。因此，大学生应积极参与竞争，不要坐等机会的来临，只要有机会就大胆地去争取，通过竞争积累成功的经验，通过竞争取得自信的快乐，通过竞争战胜孤僻、害羞、怯懦等心理障碍。

大学生要能经受不利环境的磨砺。生活比别人苦点，工作比别人累点，环境比别人差点，也是一种磨砺创业心理品质的方法。环境在给人施加压力的同时，也为人准备了一份智慧和才能，人们最出色的成功往往是在承受巨大压力下取得的。

3. 创业实践培育创业精神

创业精神是一些行为特征的集合，作为行为特征需要在反复的强化中才能形成。任何实践活动，以及与创业相关的实训活动都需要参与者付出实际行动来完成。良好创业精神品质的形成重在实践训练，积极的实践能带来及时的反馈和成就感，也能带来成功的喜悦；大学生切切实实地投入创业实践中去，定能磨炼出坚强的创业心理品质。为此，学校要构建创业实践基地为学生提供创业实践的便利，如创业见习基地、创业实习基地和创业园等，实现产、学、研一体化；社会要为大学生提供更多的创业训练岗位供学生选择，如勤工俭学岗位、社区服务岗位等，使其经受创业实践的考验；大学生在课余应主动参与创业实践，熟悉各种职业特点和自己的能力特点，积累创业经验，增长创业才干，减少将来创业的盲目性。大学生应多参与各种创新训练、沟通训练、拓展训练、创业实训、创业大赛、创业讲堂、创业社团等实践活动，这会有助于强化自身的行为特征，培育创业精神。

二、大学生创业

（一）大学生创业的优劣势分析

1. 大学生创业外部优势

首先，高校毕业生是我国宝贵的人力资源，国家鼓励大学生创业并给予各项政策支持，推出贷款优惠政策、税费减免政策、金融扶持政策，以及提供创业培训，等等，切实为大学生创业提供帮助。积极的政策舆论给想要创业的大学生带来了积极的心理暗示。此外，国务院办公厅《关于深化高等学校创新创业教育改革的实施意见》中也明确要求高校要强化创新创业实践，促进实验教学平台共享，利用各种资源建设大学科技园、大学生创业园、创业孵化基地和小微企业创业基地，建好一批大学生校外实践教育基地，举办全国大学生创新创业大赛，等等。

其次，民营企业地位上升。民营企业已经成为社会主义市场经济的重要组成部分。改革开放以来，民营经济得到了大力发展，在国民经济发展中起到越来越重要的作用，这给创业者带来了福音，也给二次创业者带来了机会。成功的民营企业虽然得到了较好的发展，有了一定的规模，但在当下，竞争日益激烈、企业管理相对落后等问题依然存在，因此，要解决更多深层次的问题，对拥有丰富理论知识的大学生而言，二次创业能取得一定的成功。

2. 大学生创业自身优势

（1）学科专业知识优势。大学生在校期间学到了很多理论性的知识，有着较大的技术优势，而目前最有潜力的事业就是开办高科技企业，技术的重要性是不言而喻的，大学生创业的特色就是用智力换取资本。一些风险投资家通常就是因为看中了大学生所掌握的先进技术而愿意对其进行投资。除此之外，大学期间开设的课程大都有一定的内在关联性，学生从中学到的是一种理念和一种思维方法，这对大学生创业会有许多帮助。

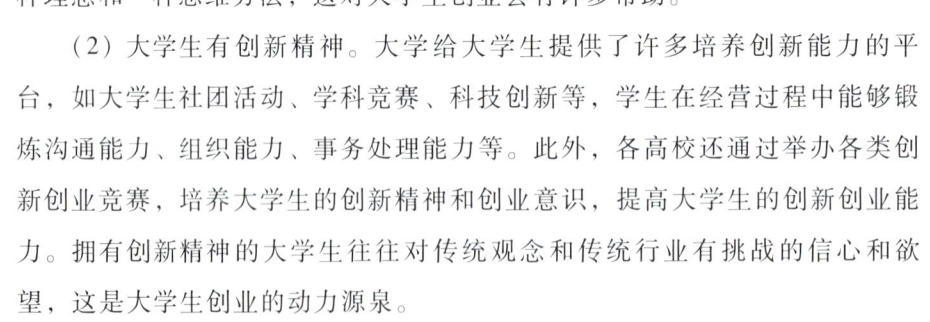

（2）大学生有创新精神。大学给大学生提供了许多培养创新能力的平台，如大学生社团活动、学科竞赛、科技创新等，学生在经营过程中能够锻炼沟通能力、组织能力、事务处理能力等。此外，各高校还通过举办各类创新创业竞赛，培养大学生的创新精神和创业意识，提高大学生的创新创业能力。拥有创新精神的大学生往往对传统观念和传统行业有挑战的信心和欲望，这是大学生创业的动力源泉。

（3）大学生概念性技能强。随着市场经济的规范化，企业管理及决策的科学化，大学生创业并不是头脑一热毫无准备就付诸行动。大学生创业者拥有足够的知识，对规划分析、注册选择、品牌经营等各流程有所了解。大学生在这些概念性很强的理论方面较社会上其他创业者来说，有着更强的优势。

（4）大学生团队组合优势。组建高效的团队是创业成功的开端。大学生创业团队均为年轻人，且往往是团队组织者依靠自己的关系网组建的，成员之间彼此熟悉，因此比较容易互相融合信任，比较容易有共同的意愿，从而增加了团队的凝聚力，减少了部分风险。同时，每个成员都有自身的优势，在团队中扮演不同的角色，资源互补，协同共振，具有良好的团队互补性。

（5）大学创业教育的开展。近年来，各高校开设了创业课程，旨在培养大学生的创业意识，提升大学生的创业素质，对大学生的综合创业能力有很大提高，不仅表现在理论知识层次的提高，还表现在实践能力的提升。如迅速准确地捕捉市场信息，果断决策，敢想敢干，勇于创新；注重经济效益，讲究工作效率；较强的法治观念，善于社会交往，正确处理人际关系，等等。这些素质的培养，对有创业意愿的学生来说会有很大的帮助。

3. 大学生创业劣势

首先，大学生没有充足的心理准备。由于大学生社会经验不足，常常盲目乐观，对于创业中的挫折和失败，许多创业者感到十分痛苦茫然，甚至沮丧消沉。大学生面对创业，看到的都是成功的例子，可能会盲目自信。其实，很多人成功创业的背后曾有过更多的失败。既能看到成功，也能看到失败，只有这样，才能使年轻的创业者们变得更加理智。

其次，大学生缺乏商业管理经验。这是影响大学生成功创业的重要因素。大学生虽然掌握了一定的书本知识，但终究缺乏真实的实践训练和经营管理经验；很难一下子胜任企业经理人的角色。

最后，大学生的市场观念较为淡薄。不少大学生很乐于向投资人大谈自己的技术如何领先与独特，却很少谈这些技术或产品究竟会有多大的市场空间。就算谈到市场的话题，他们也多半只会计划花钱做做广告而已，而对于目标市场定位与营销手段组合这些重要的事项，则全然没有概念。其实，真正能引起投资人兴趣的并不一定是那些非常先进的东西，相反，有些技术含量一般却能切中市场需求的产品或服务，常常更会得到投资人的青睐。创业者应该有非常明确的市场营销计划，能强有力地证明赢利的可能性。

(二)大学生创业与职业生涯规划

大学生职业生涯规划教育和大学生创新创业教育的契合之处在于都是致力于解决大学生就业问题,他们在内容结构、教育方法方式上存在很多共性。职业生涯规划教育是引导学生对未来职业进行科学的定位,而创业教育着重培养大学生的创业意识、创造能力和创新精神。二者相互联系又相互作用,为大学生进入社会生存和发展提供了有效的帮助。大学生职业生涯规划在创业教育中有以下作用:

1. 认知自我,确立创业目标

创业教育是为了促进个体全面发展和综合素质的不断提高,学生职业生涯规划则是促进其个体全面发展的重要体现。对于创业者来说,确立正确的创业目标是职业发展成功的关键因素。确立创业目标就是要在创业教育中通过理性思考和科学评价,完成自我职业生涯发展的认知过程,最终确定职业理想和职业目标。从职业生涯规划理论来看,高等教育阶段属于学生职业准备期,在此期间,学校应通过职业生涯规划教育使学生结合自身的性格、兴趣爱好,以及个人能力特长,帮助其进行职业定位,做出理性择业决策,明确创业奋斗目标和规划创业发展努力方向,最终制订有可行性的创业行动计划。

2. 全面发展,完善创业准备

职业生涯规划有利于培养大学生积极向上创新精神和创业活力,有利于他们根据社会的需求不断进行适应性学习,提高创新能力与水平。大学生通过职业生涯规划教育可以尽可能地了解职业的发展前景、国家的创业就业优惠政策和社会对创新型人才的需求等状况。大学生要对自我特征及所处环境进行评估与分析,明确自身的优势与劣势、机会与威胁,努力按职业目标的要求全方位立体发展,不断提高自身的思想政治素质、身心素质、科学素养和创新创业素质,积极为创业做好前期准备。只有这样,大学生才能减少创业的盲目性,增加创业的目的性,提高创业的成功率。高校将职业生涯规划教育与创新创业教育相结合,可以帮助大学生完成创业的素质准备,增强其创业的核心竞争力,有利于大学生全面发展,促进其全面成长成才。

3. 调整预期,提高创业能力

高校要将职业生涯规划教育作为提高大学生核心竞争力的重要内容和主

要手段之一，努力将大学生创业教育和职业生涯规划教育贯穿于高等教育培养全过程；通过指导学生自我探索，发展个人能力，提升学生的职业生涯期望和创业预期，科学分析评估相关个体的社会资源，最终引导学生做出初步的创业生涯决策；在制定职业生涯规划的过程中，教育学生要充分考虑自身发展的可持续性和社会环境的复杂性，制定清晰明确且具有一定弹性的创业目标，并以此为目标制订具有可操作性的计划，全面提升大学生的创业能力。

4. 发挥潜能，优化创业设计

职业生涯规划是以学生的全面发展作为出发点，培养学生的创新意识和创业技能，强调对学生进行个性化的指导。我们将职业生涯规划融入创业过程中，能使大学生正确认识自身的优势及潜在的能力，努力克服不足，发挥优势，尽可能规避创业风险，进而做出符合自身发展的创业设计。有效的职业生涯规划教育不仅能最大限度地发掘学生内在潜能，还为他们未来创业之路打下理论基础，最终实现创业梦。

（三）大学生创业的模式

创业是复杂而灵活的，创业是自身价值的实现，同时又需要投入必要的时间和精力。在当前的环境之中，大学生常见的创业模式一般有如下几种：

1. 网络创业

互联网的迅速发展不仅改变了人们的生活方式，而且给人们提供了全新的创业方式。网络创业具有特有的优势，它不仅可以利用现成的网络资源，而且门槛低、成本少、风险小、方式灵活，特别适合初涉商海的创业者。目前网络创业主要有两种形式：网上开店，即在网上注册成立网络商店；网上加盟，即加盟为某个电子商务网站门店，利用母体网站的货源和销售渠道开展经营活动。

2. 兼职创业

兼职创业即在工作、学习之余开展创业，如上班族、在校大学生可选择这类创业模式。例如，在合法合规的前提下，业务员可兼职代理销售其他产品；设计师可自己开设工作室；编辑、撰稿人可以向媒体、创作方面发展；会计、财务顾问可兼职做财务咨询或会计服务；律师可兼职做法律顾问或法律咨询；策划师可兼职做广告、品牌、营销、公关等咨询工作等。兼职创业，需要在主业和副业上同时下功夫，对创业者的精力、体力、能力、忍耐力都是极大的考验，因此要量力而行。

3. 团队创业

团队创业是指具有互补性或者共同兴趣的成员组成团队进行创业。事实证明，在高速发展的社会环境中，创业环境不断变化，团队创业凭借成员之间知识、能力、资源的互补，规避风险的能力更强，成功的概率要远高于个人独自创业。但要注意，创建团队时最重要的是考虑成员之间的知识、资源、能力或技术上的互补，充分发挥个人的知识和经验优势，有助于强化团队成员间的合作。这种创业模式比较适用于科技人员、在校大学生、在职人员等。

4. 大赛创业

大赛创业即利用各种商业创业大赛，获得资金提供平台，如雅虎、网景等企业都是从商业竞赛中脱颖而出的。因此大赛创业也被形象地称为"创业孵化器"。撰写创业计划书是创业大赛的核心部分，并决定着能否吸引投资人的兴趣。一份完善、科学、务实的计划书，就是大学生坚实的"创业基石"。

5. 概念创业

概念创业即凭借创意、点子、想法进行创业。这些创业概念必须标新立异，至少在打算进入的行业或领域中是一个创新，只有这样，才能抢占市场先机，吸引风险投资人的眼球。同时，这些超常规的想法必须具有可操作性。概念创业具有点石成金的神奇作用，特别是本身没有很多资源的创业者，可通过独特的创意来获得各种资源。这种模式比较适用于具有强烈创新意识但创业资金不足的创业者。

6. 加盟创业

连锁加盟凭借诸多的优势而成为备受青睐的创业新方式。这一方式可以分享品牌金矿，分享经营诀窍，分享资源支持。目前连锁加盟有直营、委托加盟、特许加盟等形式，投资金额根据商品种类、店铺要求、技术设备的不同从几千元至几万元不等，可满足不同需求的创业者。加盟创业的最大特点是利益共享、风险共担。创业者只需支付一定的加盟费，就能借用加盟商的金字招牌，并利用现成的商品和市场资源，且能长期得到专业指导和配套服务，创业风险也有所降低。这种创业模式适用于各类创业者。

> **创业故事 1-2**
>
> ### "识光人"的创业
>
> 南昌大学赵贺琦和他的团队，是一群充满才华和梦想的来自不同学科专业的青年学生，用灵巧的思维和创新技术，开发出健康照明的新产品，他们，被称为健康照明领域的"识光人"。2018年，在江风益院士、吴江教授、王玉皞教授、王光绪博士等多位老师指导下，这支创业团队参加了第四届中国国际"互联网+"大学生创新创业大赛，并获得金奖。然而，团队成员们青春追梦的步伐最早可追溯到2014年，那时的他们，还是一群大四在读学生。
>
> 创业期间，团队经历了从构思到产品设计，再到反复修改直至成功的过程。一个产品想呈现出来，首先必须拥有一个好的想法，要洞悉市场和用户的需求，再进行产品设计。产品设计也是一个极其复杂的工程，要根据前期对市场和用户的调查研究，经过创意表达、电路设计、外观设计、结构设计和样机调试等，才能进行试产及产品认证工作，最终实现量产。
>
> 创业以来，团队一直从事产品研发、生产及产业化应用、推广的一线工作，始终坚信工业设计赋能技术创新创造，并认为服务于用户是公司发展的前进方向。
>
> 就是在这样互帮互助、共同成长中，团队不仅开发出10余种产品，还斩获了诸多重量级奖项，如德国红点奖、美国IDEA工业设计卓越奖、德国iF奖等。
>
> 团队积极进行创新成果转换，将其应用于实际。其中，米典硅衬底零蓝光LED健康照明创业项目产品，以江风益院士团队的最新技术成果为基础，以健康照明理念为导向，以创新设计为驱动，整合供应链和行业资源，建立多元化的商业模式，旨在打造家居健康照明"全场景"产品线和生态链。
>
> 目前，团队已与南昌大学及海尔等家电企业共建了产业化创新平台，

开展不以纯粹学术研究为导向的课题合作，利用新型光电、人工智能和工业设计等学科优势，依托创新研发项目，结合企业需求，进行家电灯光智能化创新设计、交互体验设计等方面的产业化研发合作。

赵贺琦和他的团队在不断摸索中增强了对商业模式和市场变化的了解。为了打磨好项目产品，他们深入了解社会上 LED 蓝光过量的痛点，对产品的技术、功能、结构、形态等进行整合创新。他们将继续为市场、为社会贡献更多性能优良的产品。

思考：

1. 你身边有哪些大学生在校或者毕业后创业成功？你认为他们创业成功主要的原因是什么？

2. 你身边有哪些大学生在校或者毕业后创业失败？你认为他们创业失败的主要原因是什么？

思考题

1. 创业对于个人生涯发展有哪些帮助？
2. 如何培育创业精神？
3. 你觉得大学生应该如何利用自身优势开展创业活动？

第二章 创业者与创业团队

【学习目标】

1. 了解创业者应具备的素质与能力。
2. 了解创业团队的特点与构成要素。
3. 认识大学生创业团队的特点和类型。
4. 掌握大学生创业团队组建的基本原则、程序。
5. 熟悉创业团队管理的要点。

案例导入

大疆汪滔的创业团队

深圳市大疆创新科技有限公司（简称"大疆"），成立于 2006 年，是全球领先的无人飞行器控制系统及无人机解决方案的研发和生产商，客户遍布全球 100 多个国家，长期占据消费级无人机市场份额超过 70%。通过持续的创新，大疆致力于无人机工业、行业用户及专业航拍应用，提供性能最强、体验最佳的革命性智能飞控产品和解决方案。大疆拥有超越市场的领先技术实力，同时围绕机器视觉、图像算法、影像处理、集成芯片、机械控制技术等，向人工智能、先进制造、机器人市场等领域扩张。大疆已成为家喻户晓的中国品牌。

在一般人眼里，在一些高科技领域，中国企业历来都是扮演"追赶者""跟跑者"的角色，而汪滔和他的公司却在短短十年内在消费级无人机领域充当着"领跑者"的角色。然而，这家公司当初却是汪滔和他的两名同学在深圳一间民房中创办的。

创业启蒙

汪滔小时候看过一本漫画书《动脑筋爷爷》，里面画着一个红色的直升机，10岁的汪滔被此深深吸引，想做一个一模一样的直升机，这个念头一直存在于汪滔的脑海中。长大后，家境还算殷实的汪滔自然地爱上了航模。16岁那年，他因为考试成绩不错，父亲奖励给他一台遥控直升机。汪滔非常欣喜，但却发现这个东西实在太难操控了，刚上天就坠落。后来汪滔又连续摔坏了好几台航模，这让他萌生了一个想法：直升机太难玩了，要做一个能够自动控制直升机飞行的东西。

团队组建

本科毕业时，汪滔的毕业设计选定为直升机飞控，他废寝忘食奋斗了5个月，终于开发出了可以令直升机在空中悬停的飞控系统，但在现场演示时，飞机从半空中掉了下来。这次尝试引起了机器人研究权威李泽湘教授的注意。在李泽湘教授的引荐下，汪滔来到了香港科技大学读研。2006年，在李泽湘的支持和投资下，汪滔和自己的两位同学来到深圳，在一间不到20平方米的民房里，汪滔与几位同学创立了大疆。就这样，汪滔和同学开始了创业之路，研发直升机飞行控制系统。

团队核心人物

创业初期非常艰难，最初每个月，他们大约只能销售20台飞行控制系统，勉强维持公司运营。2006年年底，公司出现危机。汪滔的好友陆迪慷慨解囊，投资9万美元，帮大疆渡过难关。后来，陆迪到大疆负责财务工作，现在，他已经成为大疆最大的股东之一。另一位对大疆发展起到重要作用的人是汪滔的中学好友谢嘉，他从德国归来帮汪滔拓展海外业务，曾经卖了房子投资大疆，他加盟大疆后，负责市场营销工作，是汪滔的重要助手。

业务拓展

随着核心团队的建立，汪滔继续开发产品，汪滔带着他的团队开始开发具有自动驾驶功能的更为先进的四旋翼飞行控制器。开发完成以后，汪滔带着新产品参加了美国印第安纳州曼西市举办的无线电遥控直升机大会。正是在曼西市，汪滔结识了科林·奎恩。奎恩当时经营着一家从事航拍业务的创业公司，正在寻找一种通过无人机拍摄稳定视频的办法。奎恩曾给汪滔发过电子邮件，询问大疆是否有解决这个难题的办法。汪滔当时从事的研究恰恰是奎恩所需要的,即云台,它可通过机载加速计在飞行中调整方向,使无人机拍摄的视频画面始终保持稳定,即便无人机在飞行中摇摇晃晃。汪滔和他的团队设计的产品正好解决了奎恩的难题。2011 年 8 月,奎恩先在曼西市见了大疆高管,随后乘飞机来到深圳,并最终在得克萨斯州奥斯汀市成立了大疆北美分公司,旨在将无人机引入大众市场。当时负责大疆北美地区销售和部分英语市场的营销工作的就是奎恩。

陆迪能很好地处理大疆的财务工作,谢嘉是汪滔的左膀右臂,而科林·奎恩更是为大疆开拓北美市场立下了汗马功劳。创业团队当中的每一个人都发挥着重要作用。

创业,需要一个强大的团队,不能仅靠一个人的打拼。创业团队的组建和管理,需要考量很多因素。创业的团队打造往往需要很长的一个过程。只有在创业实践过程中充分磨合与历练,才能最终形成一支有战斗力和凝聚力的团队。

思考:
如何看待创业团队成员在创业过程中的作用?

第一节 创 业 者

创业者(entrepreneur)分为狭义和广义两种。狭义的创业者是参与创业活动的核心成员,是创业队伍的灵魂人物。广义的创业者是参与创业活动的全部成员。在创业过程中,狭义的创业者比广义的创业者承受的压力更大,承担的风险更多。

一、创业者的素质

创业活动是由创业者主导和组织的商业冒险活动。要成功创业,不仅需要创业者富有开创新事业的激情和冒险精神、面对挫折和失败的勇气和坚韧，以及各种优良的品质素养，还需要具备解决和处理创业活动中各种挑战和问题的知识和能力。创业者基本素质大致包括身体素质、人格品质、心理品质、知识结构等。

（一）良好的身体素质

良好的身体素质是指创业者应该具有健康的体魄和充沛的精力，能够适应新创企业外部协调和内部管理的繁重工作。俗话说："万事开头难。"创业与经营是艰苦而复杂的，创业者每天要面临许多新困难、新挑战、新问题，创业阶段工作忙、时间长、压力大，如果身体不好，必然力不从心，难以肩负起创业重任。

（二）优秀的人格品质

创业者人格品质是创业行为的原动力和精神内核。在创业者人格品质中，使命责任、创新冒险、坚韧执着、正直诚信等这些品质与创业成败息息相关。创业是开创新的事业，尤其在困难和不利的情况下，人格品质魅力在关键时刻往往具有决定性的作用。

1. 使命责任

使命感和责任心是驱动创业者勇往直前的力量之源。成功的创业者具有高度的使命感和强烈的责任意识。创业活动是社会性活动，是各种利益相关者协同运作的系统。只有对自己、对家庭、对员工、对投资人、对顾客、对供应商，以及对社会拥有高度的使命感和负责精神的创业者，才可能赢得人们的信任、尊重和支持。

2. 创新冒险

创新是创业精神的核心要素，创新意识和冒险精神是进行创业的内在要求。创业机会的发现和创意的形成需要创造性思维，发挥创造力。同样，机会的开发、资源的整合、商业模式的设计更是创新能力的集中体现。创业的开创性需要有冒险精神，需要有胆略和胆识；同时，创业者在创业实践中也要有风险意识，要注意冒险精神和风险意识的平衡，保持理性思维，降低风险损失。

3. 坚忍执着

创业是对人的意志力的挑战。面对险境、身处逆境能否坚持信念，承受压力，坚持到底，常常决定创业的成败；最后的成功往往就在于再坚持一下的努力之中。

4. 正直诚信

正直诚信是创业者必备的品质，它体现了成功创业者的人格魅力：讲信誉，守诺言，言行一致，身体力行，胸襟广阔，厚人薄己，敢于承担责任，勇于自我否定，尊重人才，以人为本，倡导团队合作和学习，帮助团队成员获得成就感，坚持顾客价值、公司价值和社会价值的创造。具有良好口碑的人格魅力可以帮助创业者凝聚人心，鼓舞士气，赢得更多合作者的信任和支持。

（三）良好的心理品质

在市场经济中，机会与风险共存。只要创业，就必然会有风险，事业的范围和规模越大，伴随的风险也就越大。没有承担风险的意愿与能力，创业者在创业时就会缩手缩脚，裹足不前，创业的理想也就会成为空谈。愿意承担风险是创业者对事业追求的一种积极的心理状态。

创业是摸着石头过河，没有严格与统一的规范。创业者不可能凭借教科书的理论或他人的成功经验一蹴而就，而是需要在创业的过程中不断探索与实践，面对复杂的市场环境需要清醒的头脑与果断的决策。但是失误与挫折总是难以避免的，能够冷静面对挫折是创业者走向成功的重要条件。

创业之路是充满艰险与曲折的。自主创业就等于一个人去面对变化莫测的激烈竞争，以及随时出现的不定因素，迅速正确地解决问题和矛盾，这需要创业者具有非常强的心理调控能力，能够持续保持一种积极、沉稳的心态，即具有良好的创业心理品质。它是对创业者创业实践过程中的心理和行为起调节作用的个性心理特征，它与人固有的气质、性格有密切的关系，主要体现在人的独立性、敢为性、坚韧性、克制性、适应性、合作性等方面，反映了创业者的意志和情感。

创业的成功在很大程度上取决于创业者的创业心理品质。正因为创业之路不会一帆风顺，所以创业者如果不具备良好的心理素质、坚韧的意志，一遇挫折就垂头丧气、一蹶不振，在创业的道路上就不能走远。宋代大文豪苏轼说："古之立大事者，不唯有超世之才，亦必有坚忍不拔之志。"只有具备处变不惊的良好心理素质和愈挫愈强的顽强意志，才能在创业的道路上自强不息、竞争进取、顽强拼搏，才能从小到大，从无到有，闯出属于自己的一番事业。

（四）一定的知识结构

创业知识是进行创业的基本要素。实践证明，良好的知识结构对于成功创业具有决定性的作用。创业者的知识结构是指一个人在创业中所要掌握的创业知识类别，它是创业成功的保证，创业者不仅要具备必要的专业知识，更要掌握科学管理知识，包括专业知识、管理知识、法律法规知识，还应掌握现代科学、文学、艺术、哲学、伦理学、经济学、社会学、心理学、法学等综合性知识。

1. 专业知识

专业知识是指与创业目标直接联系和发挥作用的知识体系。它在形式上表现为某种性质和类别的学科知识，对创业者在该领域开展创业起直接的理论指导作用。专业知识对于创业者确定创业目标具有直接的、至关重要的作用，创业者要想在该领域中创业必须先了解该领域的发展现状、科技发展水平等。这样才能利用专业知识以新技术、新发明等知识资本开展更高水平的创业，没有专业知识，大学生创业就失去了优势。

2. 管理知识

管理知识是创业者必须掌握的知识。所谓管理就是设计并保持一种良好的环境，使人在群体中高效地完成既定目标的过程。将其细分就是通过计划、组织、控制、激励和领导等环节来协调人力、物力和财力资源，以期更好地完成组织目标的过程。创业者必须学会管理知识，协调好新创企业的各种关系，才能使企业更好地发展。

创业者在管理中还需要加强领导能力，领导也是一门艺术。作为一名创业者，面临各类员工，可以使用各种各样的领导方法，这都需要创业者在实践中掌握，从而提高管理效率。

3. 法律法规知识

随着市场经济的发展，相关法律法规也越来越渗透到生产、流通、交易、分配等各个环节和层面。创业者必须掌握市场、企业等领域的相关法律法规知识。在创业过程中相关法律法规有：《中华人民共和国公司法》《中华人民共和国合伙企业法》《中华人民共和国个人独资企业法》《中华人民共和国专利法》《中华人民共和国劳动法》等。这些法律法规明确规定了企业的组织形式、公司的经营范围等，以及大学生创业优惠政策。因此，创业者在创业过程中要掌握各类法律法规知识，从而保障自己在市场经济浪潮中不被击败。

4. 其他知识

除以上各类知识外，创业者还需要掌握市场营销知识、会计常识等相关知识。当然，这些知识不需要创业者面面俱到，遇到特殊情况时，还需要创业者发挥团队合作精神，发挥每一位团队成员的作用，或聘请专业人员来帮助解决。

总之，创业者知识结构是否合理，直接影响着大学生的创业成败。在知识经济社会中，任何职位的人都被要求掌握一定的专业知识和能力，这就要求创业者必须在学习期间努力提高自己的专业知识，提高自己的创业能力。

二、创业者的能力

创业者的能力是指创业者解决创业及创业企业成长过程中遇到的各种复杂问题的本领，是创业者基本素质的外在表现，也是创业者整体素质体系中的核心要素。从实践的角度看，创业者能力表现为创业者把知识和经验有机结合起来并运用于创业管理的能力，具体包括开拓创新、善于学习、组织管理、机会识别、风险决策等方面的能力。

（一）开拓创新能力

创业者必须具备开拓创新能力，这是由经营管理活动的竞争性所决定的。而提高竞争力的关键在于发挥创业者的创新能力。只有不断地用新的思想、新的产品、新的技术、新的制度和新的工作方法替代原来的模式，才能使企业在竞争中立于不败之地。

创业者不能仅仅躺在床上空想自己该如何创业，怎样发家致富，而是要把自己的想法果断而迅速地付诸行动。可以想象，即使你有很好的致富点子，如果你不肯行动的话，那么财富也会与你擦肩而过。邓小平同志说："没有一点闯的精神，没有一点'冒'的精神，没有一股气呀、劲呀，就走不出一条好路，走不出一条新路，就干不出新的事业。"

(二)善于学习能力

大学四年获取的知识,有很大比例是该专业领域的基础知识,因此大学学习的本质应是学习方法和自学能力的培养。未来教育的特征之一就是终身教育,学习将伴随人的一生。创业型人才的学习能力主要体现在以下三个方面:一是更新自己原有专业知识的能力;二是学习新知识的能力;三是综合各门学科知识的能力。许多西方发达国家对大学生能力要求的第一条就是自学能力。自学能力是能力结构中的高级阶段,获得学习能力,将终身受益。

(三)组织管理能力

在市场经济条件下,市场充满了竞争和风险,创业者要想使自己的创业实践活动获得成功,必须具备良好的组织管理能力。创业者具有把各项生产要素有机组合起来,形成系统整体合力的杰出才能。创业者就是研究、开发、生产、销售等各个环节的协调者、组织者和领导者。如何把现有的人、财、物,通过管理,获取最佳的效益;如何调动每一位员工的积极性使之全力以赴为企业工作;如何使自己的产品或服务项目被社会认可;都需要通过创业者良好的经营管理来实现,需要依靠创业者所建立起来的高效的管理体系。

(四)机会识别能力

法国著名艺术家罗丹曾说过:"美是到处都有的。对于我们的眼睛,不是缺少美,而是缺少发现。"创业中的机遇也是如此,在稍纵即逝的"机会"面前,创业者是否能敏捷捕捉、明知决断,将直接影响企业的前途和命运。正如世界上最大的微处理器生产商英特尔公司总裁安德鲁·葛洛夫在所著书中写道:"在10倍速变化的时代里,企业领导者要随时察觉身边的变化,而且知道是什么在变,知道怎么去适应变化。"

创业故事 2-1

岛村芳雄的创业机会

在日本某店铺有一个店员,名叫岛村芳雄。一天,他在街上散步时,发现女性们除了手上拿着自己的皮包以外,还都提了一个纸袋,这是买东西时商店赠给她们装东西用的。他经过认真思索认为纸袋一定会流行起来，接着他又参观了做纸袋的工厂，工人非常繁忙。他毅然决定大干一番。你猜猜，他选择了什么，是纸袋加工？还是纸袋印刷？都不是。他想："将来纸袋一定会风行一时，做纸袋绳索生意是错不了的。"这样，他辞去了原来的店员工作，立即注册创立了一个小公司，开始了经营绳索的业务，靠着他那善于把握机遇、捕捉信息的能力以及良好的经营管理能力，他获得了成功，成为日本著名的企业家。

思考：

创业者具备机会识别能力对创业的影响是什么？

（五）风险决策能力

创业者的决策能力集中体现在创业者的战略决策能力上，即创业者在对新创企业外部经营环境和内部经营能力进行周密细致的调查和准确而有预见性分析的基础上，确定企业发展目标、选择经营方针和制定经营战略的能力。虽然创业者有时候也进行一些战术性决策，但更多的精力是用于战略决策。

创业与就业不同，它是一种高风险高收益的投资行为，创业成功后的收入是对创业者所承担的高风险的回报。那种想不承担风险就能致富的创业行为基本上是不存在的。对于创业者来说，想致富就必须敢于冒险。

三、创业者的类型

《科学投资》研究了国内上千例创业者案例，发现国内创业者基本可以分成以下几种类型：

（一）生存型创业者

生存型创业者大多为下岗工人、失去土地或出于种种原因不愿困守乡村的农民，以及刚刚毕业找不到工作的大学生，这是中国数量最大的一个创业群体，占中国创业者总数的90%。这些创业者的主要目的是谋生。一般创业的范围局限于商业贸易，少量从事实业，大多数从事规模小的加工业。

(二)变现型创业者

变现型创业者是指过去在企业等单位担任一些重要岗位,并且任职期间聚拢了大量的社会资源及人脉资源的人,在遇到机会,或时机适当的情况下,开办企业。

(三)主动型创业者

主动型创业者可细分为两种:一种是盲目型创业者;一种是冷静型创业者。前一种创业者大多极为自信,做事冲动。有人说,这种类型的创业者,同时大多是博彩爱好者,喜欢买彩票,希望以小博大,不太喜欢估计成功率。这样的创业者比较容易失败,但如果能够成功,往往就能成就一番大事业。冷静型创业者是创业者中的精英,其特点是谋定而后动,不打无准备之仗,或是掌握资源,或是拥有技术,一旦行动,成功的概率通常会很高。

第二节 认识创业团队

在"大众创业、万众创新"的政策号召下,越来越多的青年大学生加入自主创业行列中,然而受个人经验、实力和经济能力等各方面的影响,在一定程度上限制了企业的发展,更多的创业者选择以团队形式开展创业,创业团队便应运而生。优秀创业团队也逐渐成为创业成功的关键因素之一。创业团队是指由两个或两个以上知识互补的创业者组成,他们具有共同的创业理念和共同的价值追求,愿意共担风险、共享收益,为了实现共同的创业目标而形成的正式或非正式组织,也可称为利益共同体。

一、创业团队的特点和构成要素

(一)创业团队的特点

1. 有共同的创业理念

共同的创业理念不仅决定了创业团队的目标、创业团队的性质及创业的行为准则,也是形成团队凝聚力和协作精神的基础。团队中的成员需要互相配合与协作,既各司其职又能做到互相帮助,从而提高整体的工作效率。团队中每个成员都是一股紧密联系又缺一不可的力量，团队的整体成功才能使每个人都获得最大利益。拥有共同的创业理念和价值追求，能更容易建立起这种心理契约和创业氛围，从而形成一支凝聚力强、效率高、整体协同合作的优秀团队。

2. 团队构成要有异质性

团队成员在技能、经验或是人文因素上要具有差异性。从宏观上看，技能包括概念技能、人际关系技能和技术技能三个方面；从微观上看，技能具体包括创业者受教育程度、所学专业、掌握的技术水平等。经验则包括个人的工作经历、专长、产业背景知识等。人文因素包括创业者的性别、年龄、民族、生活习俗等方面。异质性有助于创业者们可以从不同的角度思考和分析问题，有更多的思维和理解方式，从而为团队决策提供更多、更科学的依据和解决问题的方法；也能保证在创业过程中遇到不同问题时有相对专业的人士来解决，提高了团队工作的效率和创业的成功率；另外，成员在技能和经验上的差异性，使每个成员都拥有其独立的有差别的社会网络资源，从而使整个团队的社会网络资源呈互补和扩大的趋势而非简单叠加。因此，创业团队的构成需要团队成员在价值观和创业观上相似而在专业技能、管理能力、战略思考上形成互补。

3. 有合理的报酬和激励机制

追逐利益是创业团队建立的原始动力，而建立在合理的利益分配关系上的团队才具有发展性和稳定性。团队成员的差异性导致每个成员对创业的作用和贡献不同，为创业团队带来的收益也会有差别。因此，团队在组建的开始，要根据实际情况制定合理化报酬分配方式，使每个成员都能在相对公平的氛围下合作。合理恰当的激励机制是创业团队不断发展和成长的动力所在，给予每个成员适当的激励，既能够刺激创业者发挥最大的能效，获得更多的收益，还有助于增强创业团队的稳定性，单个创业者在团队中能获得所期望的收益才会更加努力地工作。然而激励的方式并非一成不变，创业企业在不同的生命周期内，创业者们所追求的利益会有所改变；因此，要根据实际情况，调整激励机制，从而使团队成员在各个时期都能尽最大的努力为企业的发展做出贡献。

（二）创业团队的构成要素

一般而言，创业团队应具备以下五个重要的构成要素：

1. 目标

明确的目标是创业团队成立的基础。创业团队的建立必须有一个相对明确的目标，如此，创业团队才能清楚创业的方向，为团队成员指明前进和奋斗的方向；团队成员才能知道为了实现目标需要付出哪些行动和努力，需要什么样的机会，并准确把握时机。除此之外，明确的目标能够使创业团队清楚知道需要哪方面的人才和技能，应该寻找怎样的合作伙伴或雇员，从而按照创业团队的目标，选择最合适的人才，提高团队综合实力。

2. 成员

人是创业团队中最核心的部分。所有目标都是依靠人来实现的，因此创业团队中成员的选择要非常谨慎。创业团队由一群志同道合的、拥有共同创业理念和目标的成员组成，他们在创业观、价值观方面应是相同的。然而对创业团队来说仅有这些还不够，团队成员还需要有互补性。企业中的决策、管理、战略制定、计划实施与执行、商机和合作伙伴选择、对外交往和沟通等都需要人具体实施，因此创业团队成员要多元化，互补而非简单叠加，优势互补既反映在性格上，还反映在技能、专业、特长和人脉方面，此可发挥"1+1＞2"的倍数增加效应。因此，创业团队在成员构成上应把握好三个"相同"和三个"互补"，即创业理念、目标、价值观相同，性格、能力和资源互补。

3. 定位

创业团队的定位包含以下两层含义：

一是团队的定位，也就是团队在企业中处于什么位置，由谁选择并决定团队的成员，团队最终对谁负责，团队采取什么方式激励下属。

二是个体（创业者）的定位，成员在创业团队中扮演什么角色，是制订计划，还是具体实施或评估；如果是大家共同出资，是委派某个人参与管理，还是大家共同参与管理，或是聘请第三方（职业经理人）管理。在创业实体的组织形式上，是合伙企业还是公司制企业。

4. 职权分配

合理的职权分配是创业团队成功的必备条件。在创业企业中必须明确两个职能，即创业团队和创业者个人在企业正常运营中承担什么职能，对每个成员在创业过程中所担负的责任和拥有的权力必须有明确的规定。为保证每个成员都能最大限度地发挥自己的能效，需要根据其专业特长和优势确定其职责，从而保证有相对专业的人来科学解决创业过程中遇到的问题，提高整个创业团队的办事效率。团队成员职能的分配必须在相互协同的基础上步调一致、统筹推进，个人拥有与职能相对应的决策权，从而保证具体事务的执行力。

5. 计划

准确详细的计划是创业团队成功创业的前提，也是实现创业目标的保障。创业团队成员在制订计划时要充分考虑创业团队内外部环境、团队自身优劣势等各方面因素，其不仅要服务于创业团队的短期目标，还要有利于创业团队长期战略目标的实现。同时，计划一定要具有可行性和可预见性，不仅要确保组织目标的实现，而且要从众多的方案中选择最优方案，从而保证创业团队资源得到最合理、最充分和最有效的应用。计划不仅是决策的逻辑延伸，更为企业今后的管理控制活动提供一定的依据，使团队今后的发展与目标要求尽量保持一致，从而使创业企业在正确的轨道上更好地前进。

二、大学生创业团队

（一）大学生创业团队的重要性

（1）有利于实现资源共享。资源包括信息资源、市场资源、人脉资源等。成员之间通过一定的协议，利用彼此的优势达到资源共享，产生更大的增效。

（2）有利于提升和增强自身竞争力。团队可以激发大学生的创造力。

（3）有利于提高自身素质，实现自我价值。大学生通过自主创业，可以把自己的兴趣与职业紧密结合，做自己最感兴趣、最愿意和自己认为最值得做的事情，在此过程中，不断提高自身素质，实现自我价值。

（4）有利于培养大学生的创新精神。大学生的创业活动，不仅可以把所学知识应用到实践中加以检验，培养勇于开拓创新、敢于探索的精神，还能把就业压力转化为创业动力。

(二) 大学生创业团队的特点

首先，大学生创业团队相对于一般的创业团队，明显的区别就在于其创业团队成员均为大学生，他们拥有较高的学历，较强的专业基础知识，丰富的知识背景，在能力、技术水平等方面也具有一定的优势。通常，其创业会选择技术性较强的领域，以发挥其所学知识和技能。

其次，大学生创业团队会选择成本少、风险较小的项目，即使失败，也不会造成非常严重的后果，反而能让大学生们从中汲取经验教训，东山再起。

最后，大学生头脑灵活，思维活跃，具有强烈的创新意识和自我实现意识，接受新鲜事物能力强，也能很快通过学习将知识转化为产出。

然而，大学生创业团队自身特点也决定了他们创业成功还面临着诸多的考验。第一，团队稳定性差。大学生一直生活在"象牙塔"中，对社会的认知不够，缺乏经验，处理事情比较理想化，一旦理想与现实发生碰撞，创业遇到挫折、困难，很多创业者会选择放弃，脱离创业团队，从而使创业团队解散。此外，大学生自身社会经验的限制使得大学生创业团队在创业行为开始之前考虑不够周全，没有明确职责和利润分配等，在创业过程中容易产生争议和纠纷，大学生处理类似问题的能力相对较弱，因此也会导致创业团队不欢而散。第二，对市场把握不够精准。由于大学生并未真正走向社会，与社会接触相对较少，对市场的机会难以及时准确评估，从而错失良机。第三，技术力量缺失。大学生所拥有的专业技术知识大部分停留于知识表面，并未转化成为真正的技术，必须经过长时间的探索和努力才能实现知识的转化。第四，资金问题是大学生创业需要解决的首要问题，虽然政府出台了很多政策鼓励大学生创业，但是大学生创业往往融资困难，流动资金紧张，对于企业财务概念相对模糊，导致企业财务管理混乱。

(三) 大学生创业团队的类型

大学生创业团队的类型一般说来可以根据以下三种角度划分：

1. 按是否存在核心人物划分

按是否存在核心人物，大学生创业团队可划分为集聚型、分散型和模拟集聚型三种创业团队。

（1）集聚型创业团队即在创业团队中有一个核心领导人物，他在团队中占据主导地位，拥有较强的权威和较大的决策权。这种创业团队的组建，一般由一个人发现创业项目或者创业机会，经过深思熟虑的筹备，根据自己对创业的需要，以及对团队人员的要求，寻找创业合作伙伴，以自己为核心，组建创业团队。其优点是团队稳定性较好，权力相对集中，决策程序相对简单，组织效率较高。当然，也存在由于核心人物拥有特殊权力和权威，其与其他成员意见不合时，其他成员可能会忍气吞声，工作消极，甚至离开团队；另外，决策过于集中，失误的风险也较大。

（2）分散型创业团队即由一群志同道合的大学生，本着共同的创业意愿，相互合作，共同奋斗，以实现共同的创业目标而组建的正式或非正式组织。团队中成员地位平等，无明确的核心人物或领导人物，根据各自的专长和特点自发定位组织角色，成员间只有单纯的合作关系。其优点在于团队成员关系密切、地位平等，容易达成共识，也便于组织内部沟通和交流，团队凝聚力强，决策风险降低。当然，也容易形成多头领导的局面，遇到不同意见时，协调成本较高，从而降低了团队效率。

（3）模拟集聚型创业团队介于集聚型创业团队和分散型创业团队之间，其核心人物并不是团队创建之初就自发产生的，而是由团队成员推选出的团队代表。他更多地扮演团队代言人的角色而非团队的领导人，并不拥有集聚型创业团队中核心人物那样的权威，其行为和决定都要充分考虑其他成员的想法并征求他们的意见，否则将被其他人取代。其优点在于团队的权力介于集中与分散之间，决策和组织效率高，风险低，团队较为稳定。由于核心人物是由成员推举出来的，因此也会出现个别成员不服从管理的现象，影响团队健康发展。

2. 按团队组成初始是否已经有创业项目划分

按团队组成初始是否已经有创业项目，大学生创业团队可划分为项目型创业团队和情感型创业团队。

（1）项目型创业团队，即在创业初始已经有较成熟的创业项目、创业商机，基于项目（创业点子）的需要所组建的创业团队。这种团队创业目标明确，向心力强，创业成功率高，组织效率高，稳定性强。在选择创业项目时要非常慎重，创业项目要有可行性，也要根据自身的实际情况进行决策。如果创业项目不切实际，以学生的力量根本无法实现，创业一旦失败将对创业团队造成很大的打击，创业团队甚至会解散。创业项目过于保守，将会造成人员的冗余和资源浪费。

（2）情感型创业团队，即一群有创业热情和愿景的大学生，在没有明确创业项目和创业商机的情况下，因为共同的兴趣爱好、志向等而组合的创业团队。在实际生活中，这种团队的数量要多于项目型创业团队。它的优势在于基于头脑风暴的决策模式，决策科学性较高，团队凝聚力较强，协作水平高。其劣势在于无明确的创业方向，若长时间没有找到合适的创业项目或是团队内部争议较大，就会打击团队成员创业的热情和自信，创业团队很容易中途解散。

3. 按团队成员的专业构成划分

按团队成员的专业构成，大学生创业团队可划分为单一化创业团队和多元化创业团队。

（1）单一化创业团队，即团队成员专业构成相对单一，由少数几个同类专业的学生所组成的创业团队，其内部所拥有的专业知识和技能相对集中，创业项目多数倾向于与本专业相关的技术性项目。他们既具有较强的专业知识作为理论指导，也有较强的技术能力作为行动指导，团队有较强的战斗力，大家专业背景相同，容易达成共识，决策效率高。但知识结构的同质性导致内部职能难以分配，成员间的社会资源重叠，遇到不懂的问题时解决成本高。

（2）多元化创业团队，即团队成员专业构成具有异质性，一般情况下，是由一名或几名老师带领多个专业的学生共同组建的创业团队。其风格符合创业的实际要求，也有利于产生合理化的决策，为团队带来更多的社会资本，团队成员潜质开发空间较大。成员的异质性能使团队产生更多的想法和观点，有利于组织创新，提高决策水平和组织绩效。当然，也会因个人思考和理解问题的方式不同而产生一些破坏性冲突，使其丧失凝聚力和战斗力。

综上所述，尽管每种形式的创业团队各有其特点，但在实际运用中，一个创业团队的组建并不仅仅拘泥于一种形式，可能是多种形式的结合。创业者们在组建团队时，应对团队的形式、特点、优劣势及团队成员特点有清晰的认识，才能充分发挥每个人的主观能动性，扬长避短，将个人的优势发挥到极致，保证团队能汲取、凝聚每个人的力量，尽可能地规避冲突和纠纷，保持团队的持续发展。

> **创业故事 2-2**
>
> ### 南飞的大雁——团队的协作精神
>
> 每当秋季来临，天空中成群结队南飞的大雁就是值得我们借鉴的团队协作的楷模、一支完美的团队。雁群由许多有着共同目标的大雁组成，在组织中，它们有明确的分工合作，当队伍中途飞累了停下休息时，它们中有负责觅食、照顾年幼或老龄大雁的青壮派大雁，有负责雁群安全、进行放哨的大雁，有负责安静休息、调整体力的领头雁。在雁群进食的时候，巡视放哨的大雁一旦发现有敌人靠近，便会长鸣一声给出警示信号，群雁便整齐地冲向蓝天、列队远去。而那只放哨的大雁，在别人都进食的时候自己不吃不喝，具有一种为团队牺牲的精神。科学研究表明，大雁组队飞行要比单独飞行的速度高 22%，飞行中的雁群两翼可形成一个相对的真空状态，飞翔的头雁则无法享受这种条件，漫长的迁徙过程中总有人带头搏击，这同样是一种牺牲精神。在飞行过程中，雁群大声嘶叫以相互激励，通过共同扇动翅膀来形成气流，为后面的队友提供了"向上之风"，而且 V 字队形可以增加雁群 70% 的飞行范围。如果在雁群中，有任何一只大雁受伤或生病而不能继续飞行，雁群中会有两只大雁自发地留下来守护照看受伤或生病的大雁，直至其恢复健康或死亡，然后它们再加入新的雁群，继续南飞直至目的地。
>
> 思考：
>
> 如何看待团队协作的重要性？

第三节　创业团队组建

只埋头苦干是不够的，要想在当今社会立于不败之地，不被轻易淘汰，人们必须拥有一技之长，提升自己的核心竞争力，提高自己技能的含金量，成为不可替代的那一个。

> **创业故事 2-3**
>
> **西游记"完美"的取经团队**
>
> 为完成西天取经任务，堪称"完美"的取经团队组建成功，成员有唐僧、孙悟空、猪八戒、沙和尚、白龙马，各自扮演不同的角色。
>
> 1. 唐僧作为项目经理，有很坚韧的品性和极高的原则性，不达目的不罢休，又得到支持和赏识（得到观音等各路神仙的广泛支持和帮助）。
>
> 2. 孙悟空是这个取经团队里的核心成员，但是他的性格极端。
>
> 3. 猪八戒这个成员，看起来好吃懒做，贪财好色，又不肯干活，好像留在团队里没有什么用处，其实他的存在还是有很大用处的，因为他性格开朗，能够接受任何批评而毫无压力负担，在项目组中起到了润滑剂的作用。
>
> 4. 沙和尚言语不多，任劳任怨，承担了项目中挑担这种粗笨无聊的工作。
>
> 5. 白龙马是唐僧办公、出差用的座驾，是身份地位的象征。
>
> **假设为了节约成本，需要在这个团队里裁掉一名队员，该裁掉哪一位呢，为什么？**
>
> 1. 唐僧是项目团队中最为关键的人物，没有他就不可能完成取经的任务，肯定不能裁。
>
> 2. 孙悟空，法力高强，技术精通，是业务能手（打妖怪），可谓技术攻关队长，碰到困难（妖怪），一路排除，保驾护航，确保师傅生命安全，取经道路顺畅，况且在神魔两界都有"关系"，虽然他有大闹天宫的前科，但是在五指山下反省和历练，为人处世及脾气有所改善；在创业之路上，虽然多次受师傅的气，且时常发脾气，可是最后还是回到师傅身边，共渡难关。俗话说"人非圣贤，孰能无过"。唐僧必须以长远眼光看问题，取舍就在一念之间。有能力的人肯定是有个性的人，看领导怎样去用好他，扬长避短，把特长发挥到极致。因此，不能没有孙悟空，光有司令，没有战士，留几个后勤人员，打仗必败。

3. 猪八戒，他原本是天蓬元帅，因好色，毁掉前途。他能当上元帅，肯定有他的过人之处，魅力大，沟通能力强。他性格开朗，充满活力，受尽孙悟空的欺负，经常背黑锅，心态特别好，依然开心做好本职工作。他在项目组中起到了润滑剂的作用。一个团队如果没有"开心果"，只有一股沉闷的氛围，没有活力和欢乐，想必后果会很严重。因此，猪八戒不能裁。

4. 白龙马，他是唐僧的座驾，是身份地位的象征。同时，白龙马对唐僧来说也能大大提高工作效率，间接节约成本。因此，白龙马也是不可缺少的。

5. 沙和尚，他相当于企业中的辅助工、搬运工，任劳任怨，埋头苦干，没有技术含量，可替代性高。

为了节约企业成本，完全可以把任务分给团队其他成员（孙悟空、八戒）。唐僧在没有招收沙和尚之前，这些杂事都是由孙悟空和猪八戒做。所以，为了节约企业成本，必要时就要裁掉沙和尚。如果哪天组织想要召回他时，以沙和尚的性格，他还是会很乐意回来的。不管从长期或短期考虑，裁掉沙和尚，都是比较合理的处理方法。

综合以上分析，最佳的选择只能是裁掉沙和尚。

思考：

你如何看待取经团队成员取舍问题？

一、创业团队组建的基本原则

（一）目标明确原则

创业团队要有一致的创业思路和价值观，成员个人的目标要与团队的愿景一致，要认同团队努力的目标和方向，在组建创业团队、选拔队员时要考虑：团队是否有清晰、坚定不移的核心理念和充满感召力的宏伟目标，团队成员是否都明确了解并认可这些核心理念和宏伟目标，并愿意为此而奋斗。

（二）优势互补原则

大学生在创建团队初期，不仅要考虑成员相互之间的人际关系、亲情关系，更应考虑成员之间知识、能力和技术上的互补性。只有当团队成员在知识、技能、经验等方面实现互补时，才有可能通过相互协作发挥出"1+1>2"的协同效应。

（三）精简高效原则

为了减少创业初期的运作成本，最大限度地分享成果，创业团队人员的构成应在保证团队高效运作的前提下尽量精简。

（四）动态开放原则

创业过程是一个充满了不确定性的过程，可能会因能力、观念等多种原因，团队中不断会有人离开，同时也有人要求加入。因此，在组建创业团队时，我们应注意保持团队成员的动态性和开放性，使真正完美匹配的人员被吸纳到创业团队中来。

（五）权益合理分配原则

创业团队权益分配是指以法律文本的形式确定一个清晰的利润分配方案，把最基本的责、权、利界定清楚，尤其是股权、期权和分红权，还包括增资、扩股、融资、撤资等与团队成员利益紧密相关的事宜。在团队创建初期，因各成员对企业的贡献还难以准确估量，可考虑采取"期股制"的分配方式。在实施过程中，尽可能预留一些股份，用于对有贡献的团队成员进行再次分配或分配给新引进的重要成员。

二、创业团队组建的影响要素

创业团队组建的影响因素很多，可分为基本要素和其他要素。其中基本要素包括创业者、商业机会、团队目标与价值观、团队成员、外部环境；其他要素包括个人偏好等。

（一）创业者

创业者的能力和思想意识，从根本上决定了是否要组建创业团队、团队组建的时间表、团队的人员组成等。创业者只有在意识到组建团队可以弥补自身能力与创业目标之间存在的差距时，才有可能考虑是否需要组建创业团队，以及在什么时候需要引进什么样的人员，以便和自己形成互补。

（二）商业机会

不同类型的商业机会需要组建不同类型的创业团队。创业者应根据自身与商业机会间的匹配程度，决定是否要组建团队，并考虑何时、如何组建团队。

（三）团队目标与价值观

有相同的创业目标、共同的价值观是组建创业团队的前提。团队成员若不认可团队目标，就不可能全心全意为此目标的实现而与其他成员相互合作、共同奋斗；而不同的价值观将会导致团队成员在创业过程中脱离团队，进而削弱创业团队作用的发挥。没有一致的目标和共同的价值观，创业团队即使组建起来，也无法有效发挥协同作用，缺乏战斗力。

（四）团队成员

团队成员能力的总和决定了创业团队的整体能力和发展潜力。创业团队成员的能力互补是组建创业团队的必要条件。团队成员间的互信是形成团队的基础。互信的缺乏，将导致团队成员间协作障碍的出现。

（五）外部环境

创业团队的生存和发展直接受到制度性环境、基础设施服务、经济环境、社会环境、市场环境、资源环境等多种外部要素的影响。这些外部环境要素从宏观上间接地影响创业团队组建的类型。

三、创业团队组建的程序及主要工作

创业团队的组建是一个相当复杂的过程，不同类型的创业项目所需组建的团队不同，创建步骤也不完全相同。概括来讲，创业团队组建的一般程序及主要工作如下：

（一）明确创业目标

创业团队的总目标就是要通过完成创业阶段的技术研发、市场规划、组织管理等各项工作，实现团队从无到有、从起步到成熟。总目标确定之后，为了推动团队最终实现创业目标，再将总目标加以分解，设定若干可行的、阶段性的子目标。

（二）制订创业计划

在确定了总目标及各阶段性子目标后，创业团队紧接着就要研究如何实现这些目标，并制订周密的创业计划。创业计划是在对创业目标进行具体分解的基础上，以团队为整体进行思考的计划，确定了在不同的创业阶段需要完成的任务。创业团队通过逐步实现这些阶段性的任务和目标而最终实现创业目标。

（三）招募合适的成员

团队基于成员相互协同而产生整体溢出效益。因此，我们在成员选择上要格外谨慎，主要考虑两方面的因素：

第一，个体表现，主要包括专业素质和综合素质。不同职位的人员需要不同的专业素质、适应能力、生存能力、社交能力等。

第二，协同行为，可以从三个方面判断：①目标是否一致，主要从价值观指标、目标来源指标、制度指标三个方面来说明团队成员目标是否一致。②关系是否和谐，主要可分为血缘、学缘、地缘、业缘四种。如果团队中存在血缘关系，这种先天形成的亲缘关系会使团队成员之间的关系更加和谐，更容易形成高度凝聚力，形成共同的目标。③信息是否共享，可以从沟通形式、使用信息技术状况、共享信息状况三个方面来衡量团队信息是否共享。

创业故事 2-4

"小平科技创新团队"的组建

东华理工大学"流星科创·核污染治理研究团队"组建于 2008 年，在黄德娟、李凤臣、刘云海、张志宾等老师的指导下，团队致力于国家和省级大学生创新创业训练计划项目的研究工作，先后在全国"挑战杯"大学生课外学术科技作品竞赛、"创青春"全国大学生创业计划大赛等赛事中获得国家级奖励 13 项、省级奖励 24 项，成功申请国家专利 20 项，公开发表学术论文 27 篇，孵化创业项目 3 个，先后有 42 名学生考上重点大学硕士研究生。

团队成员以该校各年级的本科生为主，专业涵盖了生物技术、核化工与核燃料工程、应用化学、材料化学、环境科学、土木工程、财务管理、文学、会计学、软件工程、化学工程和工程管理等。团队每年采用学生自荐、班主任推荐的方式招收新人,并采用老生带新生的培养模式,实现创新团队的可持续发展,有效地保证了团队创新项目的顺利开展。

思考:

创业团队成员的招募应注意什么?

(四)职权划分

为了保证团队成员顺利执行创业计划并开展各项工作,必须预先在团队内部进行职权的划分。创业团队的职权划分就是根据执行创业计划的需要,具体确定每个团队成员所担负的职责,以及所享有的权限。团队成员间职权的划分必须明确,既要避免职权的重叠和交叉,也要避免无人承担责任造成工作上的疏漏。此外,因为正处于创业阶段,面临的创业环境又是动态的、复杂的,团队会不断出现新的问题(如团队成员的更换),所以创业团队成员的职权也应根据需要不断地进行调整。

创业故事 2-5

谁来负责?

张华、王剑和孙梅决定共同出资创业,创业资金大部分是从家里借的。他们决定在创业初期,暂时不雇用其他员工,公司所有业务由他们分工完成。经过研究讨论,三人一致认为,张华在大学期间担任过学生会副主席,经常组织学生会活动,参加过多种社会实践,有很强的组织管理能力,并且他学的是国际经济与贸易专业,懂得经济规律,又善于与人沟通,因此推举张华担任公司的经理,并且负责销售工作。王剑是学会计专业的,为人严谨细致,工作一丝不苟,适合负责产品的生产加工、公司的财务工作,并参与部分销售工作。孙梅曾经在全省"公益广告设计大赛"中拿过冠军,当然是负责产品的设计开发,她还主动要求负责公司网站的设计、管理、维护和运营。他们的团队有了明确的分工,同时他们也决定，对于公司的重大事务，应该由三人一起研究决定。

思考：

你如何看待三人的职权划分？

（五）构建制度体系

创业团队制度体系主要包括团队的各种约束制度和激励机制。一方面，创业团队通过各种约束制度（主要包括纪律条例、组织条例、财务条例、保密条例等）指导其成员避免做出不利于团队发展的行为，从而对团队成员的行为进行有效的约束，保证团队的秩序稳定。另一方面，创业团队实现高效运作需要有效的激励机制（主要包括利益分配方案、奖惩制度、考核标准、激励措施等），使团队成员看到随着创业目标的实现，其自身利益将会得到改变，从而充分调动团队成员的积极性，最大限度发挥团队成员的作用。要实现有效的激励，必须把团队成员的收益模式界定清楚，尤其是关于股权、奖惩等与团队成员利益密切相关的事宜。需要注意的是，创业团队的制度体系应以规范化的书面形式确定下来，以免带来不必要的混乱。

（六）团队调整融合

组合完美的创业团队并非创业一开始就能建立起来的，很多时候是在企业创立一定时间后，随着企业的发展逐步形成的。随着团队的运作，团队组建时在人员匹配、制度设计、职权划分等方面的不妥之处会逐渐暴露出来，这就需要对团队进行调整融合。由于问题的暴露需要一个过程，因此团队调整融合也应是一个动态持续的过程。如图2-1所示，在完成团队组建的上述程序工作后，团队调整融合工作应专门针对运行中出现的问题不断地对前面的工作内容进行调整，直至满足需要为止。在团队调整融合的过程中，最重要的是要保证团队成员间能够经常进行有效的沟通与协调，强化团队精神，提升团队士气。

图2-1 创业团队组建程序图

第四节 创业团队管理

创业团队管理是在组建创业团队之后，保证创业顺利进行的关键环节。创业团队要在制度管理的基础上多一些人性化和情境管理，凝聚每一位团队成员的力量，以保证团队的稳定性，并促进企业健康持续发展。

一、制定团队规章制度

合理的制度规范是统一团队思想、保证团队具有战斗力的有力保障，是团队稳定发展的关键。规章制度最大的好处就是可以使团队中的每个人都处在相同的行为准则约束下，朝着共同的目标前进。团队自建立的第一天起，就应该要有明确的规章制度，用来约束成员的个人行为。创业团队的管理制度是创业经营理念和团队成员意志的体现，严格的管理制度能够极大地提高成员的工作效率，促进目标完成。制定健全的管理制度，特别是实现管理制度的创新和突破，是一项较为复杂的系统工作。如果不重视制度的导向性和严肃性，制度的副作用就极易形成聚集、放大效应，最终可能越管越乱，导致创业走向失败。

创业团队需要严格的制度来规范所有成员的行为及团队的日常运转，同时也要注意管理制度的人性化，使刚性制度与柔性管理相结合。

> **创业故事 2-6**
>
> **团队管理制度的创新**
>
> 有七个人住在一起，每天共喝一份粥，但是粥是不够的。一开始，他们抓阄决定谁来分粥，每天轮一个。于是乎每周下来，他们只有一天是饱的，就是自己分粥的那一天。
>
> 后来他们推选出一个道德高尚的人出来分粥。强权就会产生腐败，大家开始挖空心思地去讨好他、贿赂他，搞得整个小团体乌烟瘴气。然

> 后，大家组成三人的分粥委员会及四人的评选委员会，互相攻击扯皮，粥吃到嘴里全是凉的。
>
> 最后，他们想出来一个方法：轮流分粥，但分粥的人要等其他人都挑完后拿剩下的最后一碗。为了不让自己吃到最少的，每人都尽量分得平均，就算不平，也只能认了。大家快快乐乐，和和气气，日子越过越好。
>
> 思考：
>
> 团队管理制度是如何影响团队工作的？

这个故事说明管理的真谛在"理"不在"管"。管理者的主要职责就是建立一个像"轮流分粥，分者后取"那样合理的游戏规则，让每个员工按照游戏规则自我管理。游戏规则要兼顾公司利益和个人利益，并且要让个人利益与公司整体利益统一起来。

责任、权力和利益是管理平台的三根支柱，缺一不可。缺乏责任，公司就会产生腐败，进而衰退；缺乏权力，管理的执行就毫无作用，散漫混乱；缺乏利益，员工积极性就会下降，消极怠工。只有管理者把"责、权、利"的平台搭建好，员工才能"八仙过海，各显其能"。

二、塑造团队领导者魅力

"一只狮子领着一群羊，胜过一只羊领着一群狮子"，这说明了创业团队领导者的重要性。杰出的团队领导者作为团队的精神领袖必须具备独特的魅力。

（一）坚韧不拔的毅力

但凡创业初期的团队，人力资源必定是极其匮乏的。已有的成员不是缺乏知识技能，就是缺少经验。再加上社会关系生疏，可以调动借用的外部资源稀缺。创业者必须清醒地意识到，自己是这个团队的领导人，应当对团队的最终结果负全部责任。创业者要培养增进自己对内点石成金的功夫、对外借力整合的能力；对成员和下属，必须在答疑解惑、指导说服、设立标准、转变观念、纠正习惯、校正行为等方面下功夫，以此来提高成员素养、培养团队精神、凝聚团队力量。只有这样，团队才有中流砥柱，成员才有主心骨，领导者才能赢得所有团队成员的尊重和信赖，才能使团队具有战斗力、持久力。

一份事业的成功，创业团队的核心领导必须具有强大的凝聚力，这个凝聚力就是个人魅力。领导者无论在外界被如何误解，团队无论陷入如何的困境，追随者始终不会放弃对领导者的信心。

（二）团队协作力

一个团队的成功绝对不是一个人坚持的结果，而是一个团队坚持的结果。领导者的真心诚意是团队成员不离不弃的真正原因。当团队不能够为成员带来足够的物质利益时，领导者能够让成员信赖的就是他的内心真诚和他的理想坚定。创业团队的愿景、核心价值观和使命是团队稳健发展的命脉，是团队战略决策正确的保证，是照亮团队前进航程的灯塔，塑造愿景、沟通及宣扬愿景、说服他人共同追随愿景是创业团队领导者的重要职责。

（三）亲和力

对大多数领导者来说，缺少的不是理智，而是情感。成员归属感就如同团队的生命。凭借归属感，团队成员可以释放出潜在的巨大能量，发展出一种坚强的个性；凭借归属感，团队成员可以把枯燥乏味的工作变得生动有趣，使自己充满活力；凭借归属感，团队成员可以感染周围的同事，得到他们的理解、支持，拥有良好的人际关系；更重要的是，凭借归属感，可以感染客户，取得更好的销售业绩。当今，人们创业和工作的目的不仅仅是生存，而是通过工作获得成就感。成员工作的目的包括一份满意的薪水和一个好的工作环境。其中最重要的就是在团队中能快乐地工作。因此，领导者不要总是对成员板着面孔，总是高高在上，要做一个"远景规划者""煽情高手""内部成员的服务者"，如此，领导者就一定会大受欢迎。

三、提升团队执行力

真正有效的管理者，不仅仅能做出明智、科学的决策，同时还要保证布置下去的任务和决定能够不折不扣地得到贯彻执行。我们要提升团队执行力，应注意以下几点：

（一）明确责任与权力

团队中的每一项工作都要确定一个具体的负责人，要给予该负责人足够的权力，否则任务的指派人和责任人不能够形成统一，在执行任务的过程中就会遇到困难。权力和责任是统一的，只有责任，没有权力，是无法完成任务的。

（二）分解目标任务

管理者在制订计划时要注重科学性和可操作性，要提高团队成员的执行力，采取"派单制"和"布置作业"的方法，在布置工作时向成员交代清楚应达到的工作目标，使其避免工作中的盲目性和随意性，从而提高执行效果。科学的执行管理机制就是对工作目标和工作计划采取"切香肠"的方法，将年度目标分解到月，月目标分解到周，周目标分解到天，各小组对团队的目标计划也应进行层层分解，具体落实到每个人。

（三）注重效果反馈

在成员执行任务的整个过程中，团队管理者应督促成员养成主动反馈的习惯。通过相互间的沟通，团队管理者可以及时全面了解任务的完成和目标的达成情况，当成员工作出现问题时，管理者可以指导成员及时修正。

四、提高团队凝聚力

现代市场竞争日趋激烈，这就要求创业领导者能够调动每一位团队成员的积极性，使每一个成员都能更加主动地工作。

（一）树立正确的团队理念

首先，优秀的团队都具有很强的集体凝聚力。凝聚力是一个团队团结成员的纽带，是促使团队成员相互理解和团结协作的根基力量。其次，团队成员间的真诚相待有助于他们通过畅通的渠道交流信息。管理层和成员之间具有健康的信息反馈机制，能够经常进行以获取超过个人水平的见解为目的的"深度会谈"，鼓励成员将他们认为最困难、最复杂、最具有冲突性的问题提出来讨论，让大家真实的想法在交流中碰出火花。最后，不断实现价值创造是团队的主要目标。每一个团队成员都应充分认识到个人利益的获取是以团队利益的实现为基础的，自觉将团队利益置于个人利益之上，团队每一位成员的价值都体现在他对团队整体价值的贡献上。

（二）明确团队的发展目标

目标在团队中具有特殊的价值，它不仅是一种激励因素，而且是一种有效的协调因素。团队中各种角色的个性、能力有所不同，明确的发展目标可以将成员的个人发展升华为团队的共同成长。

（三）建立责、权、利统一的团队管理机制

优秀的创业团队能妥善处理好团队内部的利益关系，运用公平合理的方法分配股权，合理地分享经营成果。目前，有些团队成功地借鉴外来经验，尤其是从事高新技术创业的团队，用员工持股的方法，使成员合理享受团队的经营成果。同时，创业团队要处理好团队成员之间的权力和利益关系，必须制定相关的管理规则，推进团队的队伍建设。

（四）采用合理有效的激励机制

创业团队的稳定不是指创业团队一成不变，而是保持一种"动态的稳定"，创业团队的创建与管理应遵循"按需组建，渐进磨合"的方式。拥有稳定的高绩效团队是每个创业者的理想，高绩效团队的成长需要创业者在合理组建创业团队的基础上不断加强团队管理，通过建立合理有效的激励机制，使团队成员在相互尊重、相互信任，公平、公正的团队氛围内，密切联系、协同配合，保证创业团队能够满足创新企业发展的需要。有效的激励措施要求创业团队成员可以获得合理的"利益补偿"，包括两种形式：一种是物质条件，如报酬、工作环境；另一种是心理收益，如创业成就感和地位，感受到尊重、承认和友爱等。

（五）正确处理好各种冲突

既然是团队合作就不可避免地出现团队冲突问题。团队冲突是指冲突双方由某种原因引发的造成其中一方产生利益被损害的心理，并导致不同结果的一个过程。大学生创业团队多由一些私交很好、寻找共同创业目标的伙伴组成，他们在为人处世方面经验不足，易造成成员之间关系不稳定。在选择成员时，由于团队创始人的第一出发点往往是私人关系，对成员能力方面的考虑常常不够，会导致团队内成员之间的能力出现差距，甚至差距较大，容易出现各种冲突。如果无法有效及时地解决，可能会导致团队的凝聚力下

降、发展困难，甚至出现团队中途解散的现象。在团队管理过程中，创业团队需要对冲突的类型和原因进行分析，寻求冲突解决方法，以促进团队健康地发展。

五、保持团队有效沟通

创业团队之间没有交流沟通，就不可能达成共识；没有共识，就不可能协调一致，就不可能有默契；没有默契，就不能发挥创业团队绩效，也就失去了建立创业团队的基础。因此，成员间的有效沟通是建立高效创业团队的前提。沟通系统在组织效率与功能实现方面起到关键作用，如果沟通不畅，便会造成许多管理上的问题，如各种冲突的产生，影响员工之间的团队精神。创业团队的沟通机制主要从以下几方面进行考虑：

（一）建立规范的沟通制度

规范的沟通制度是保证创业团队有效沟通的一种有效方法，也是团队管理的一项长期性的基础工作，是团队持续发展的可靠保证。创业团队在沟通前要制订详细的计划，根据任务相关者对信息和沟通的需求，对沟通的内容、方式和渠道等各方面做好计划与管理。其主要目的是要构造一个规范的沟通流程，为确保任务顺利开展，必须使创业团队成员相互间明确目标并及时获得和传送必要的、重要的信息，防止信息的失真，减少冲突的发生。

（二）加强团队成员沟通技巧培训

由于大学生创业团队成员可能来自不同院系、专业，其自身的知识、技能、经历等参差不齐，他们有关沟通的知识和技巧还需要补充和提高。要想在团队内部形成良好的沟通氛围必须加强对成员的沟通技巧培训，尤其是对各级管理者，一方面要让他们懂得沟通的必要性和重要性；另一方面还需要他们懂得如何运用沟通手段与技巧，如何克服沟通阻碍，如何提高积极倾听技能、反馈技能、授权技能、训导技能、谈判技能及冲突处理技能，使成员对团队内部的沟通有感性和理性认识，为团队内部形成良好的沟通氛围奠定坚实的基础。

（三）采取面对面沟通方式来确保沟通渠道通畅

在校大学生创业初期的团队的规模一般较小，适宜采用面对面沟通，这样既能增加创业团队成员间的相互了解，又能增加成员对创业团队的归属感。沟通双方可以同时利用多种沟通技巧充分地表达自己的思想，进行深层次的沟通。面对面沟通主要是以会议为主，根据参会人员与解决问题的时间设置不同的会议议题，如为项目启动专门安排会议和举行日常例会。同时，我们还要注意信息反馈，特别是进行重大问题的沟通或者多人间的沟通时，需要对沟通结果进行确认，防止有效沟通的信息不对称；除此之外，沟通还可通过领导与成员单独会谈、成员意见调查、直接打电话和发邮件等方式进行。

延伸阅读 2-1

某大学生创业团队沟通制度实例

第一章 总 则

为保证创业团队成员之间能够有效地进行沟通，促进创业团队工作的顺利进行，特制定本制度。

第二章 沟通方式

第一条 沟通是指创业团队成员之间进行工作的直接或间接沟通。

第二条 沟通可以通过召集会议、发送电子邮件，以及书面、口头沟通等方式进行。此条需要满足三种沟通需要：义务性沟通，如财务预算和项目进展汇报；信息性沟通，如网上项目文件资料库和常见问题解答；营销性沟通，如员工动员会、成功故事宣讲、公司荣誉证书颁发和张贴宣传资料。

第三章 沟通目的

第一条 建立诚实、开放、信任的创业团队氛围，沟通中应诚实，不隐瞒事实。

第二条 增强管理者与成员、成员与成员之间的有效沟通，确保沟通网络的畅通。

第三条 信息控制是沟通计划的重点所在，让所有项目参与人员知道项目每一步的进展情况，确保他们的期望值不至发生太大偏差。

第四章 冲突处理

第一条 当沟通无法达成一致时，创业团队负责人要及时向创业团队领导讲明情况，以请示协助解决。

第二条　创业团队成员内部发生冲突时，负责人积极促使双方沟通，处理冲突问题。

第三条　创业团队成员与外部发生冲突时，及时通知团队，上报原因，由团队出面处理。

第五章　沟通渠道

第一条　确保沟通渠道的畅通，如面对面沟通方式。

第二条　提供一定的成员意见反馈渠道，保证成员真正理解并认同人员配置计划，使成员感受到团队在重大问题的决策和实施上尊重成员的看法和意见，从而在心理上更容易接受，提高和改进人员配置计划。

第六章　附　　则

第一条　本制度由创业团队负责人负责解释。

第二条　本制度自公布之日起实施。

六、加强团队文化建设

团队和文化二者相互交织、相互影响。创业团队文化融合了管理制度、行为准则、目标方向、道德精神等多方面内容；简单来说，就是将大局意识、合作精神、贡献价值等思想认知渗透于团队中的每一位成员，并最终集合成团队向心力与团队个性风采。创业团队组建之初就要建立一种健康、积极、融洽的创业团队文化，这样更有利于创业团队成员之间轻松协作和交流，并能改善创业团队成员之间的关系，从而减少冲突发生的可能性和改善成员间的关系，使成员能够在融洽、和谐的氛围中工作。

（一）营造相互尊重、相互信任的团队合作氛围

对于创业初期的大学生团队来说，创业团队要提高对团队文化建设重要性的认识。尤其是创始人，他们的文化深度和经营哲学直接关系到将来创业企业的生死存亡；要营造良好的团队氛围，让成员在合作意识的推动下主动学习进步，互相切磋、互补所长，挖掘出整体的责任意识和文化向心力；同时，要给予每一位成员充分的尊重与信任，强化他们对企业核心价值观和经营理念的认同，并落实到平时的工作中，自觉规范自己的行为。

(二) 培养积极统一的团队价值观念

团队文化是无数个体精神的凝聚，代表着统一和谐的集体意识。其中，团队的价值观起到了树立大局意识、削减发展风险的作用。身处团队之中，个人的意识偏差会影响全局，树立团队共同的价值观念就是为了整合团队和成员共同的利益，让成员形成归属感，增强自控力，与团队统一步伐，完成最大的价值创造。团队价值观的培养要从管理提升做起，结合工作实际，导入团队目标，让个人与团队一体化、同步化。另外，实施过程中，人本化管理思想必须贯穿始终。

(三) 提炼独有传承的团队精神品质

团队精神之所以能够形成文化意识，就是因为精神文化具有独有性和感染性。团队只有培养出属于自己的团队精神，才能做团队文化的主人。团队精神代表将来创业企业的品质，能优化企业的形象，团队精神的影响力不仅能够跨越企业、跨越地域，还能跨越时代，这就是团队精神的传承，无论环境怎样变革，无论新旧如何交替，只要团队精神不倒，就能延续优秀品质，延续希望。

七、防范创业团队风险

由于大学生创业是初次创业，组建创业团队的模式大多数是关系驱动、要素驱动和价值驱动，创业者对成员进行选择时往往感性成分较大，具有一定的随意性和偶然性，对团队目标并不是很明确，其激励机制也不完善，存在着一定的风险，需要进行认真思考和规避。

(一) 选择合理的团队成员

建立优势互补的创业团队是保持创业团队稳定性的关键，也是规避和降低团队风险的有效手段。在团队创业初期，人数不宜多，能满足基本需求即可。在成员选择上，创业团队要综合考虑各成员在能力和技术上的互补，基本保证具备理想团队所需的多种角色。成员的能力和技术应该不宜差异过大。如果团队成员对项目的理解能力、表达能力、执行力、社会资源能力、思维创新能力等方面存在较大的差异，就会产生严重的沟通和执行障碍。

此外，创业团队在选择成员时还要考虑创业激情的影响。在团队创建初期，可能所有成员的工作量都很大，如果缺乏创业激情和对事业的信心，不管其能力有多强，都可能成为团队中的消极因素，对其他成员产生严重的负面影响。

（二）确定清晰的创业目标

创业团队在实践中要不断总结经验和吸取教训，形成一定的创业思路，勾画出共同的目标，以此作为团队努力的目标和方向，鼓励团队成员积极掌握工作内容和职责，竭诚与他人合作，贡献个人力量。

创业团队的目标必须清晰明确，能够集中体现团队成员的利益，与团队成员的价值趋向一致，并保证所有团队成员都能正确理解，这样才能发挥激励团队成员的作用。此外，创业团队的目标还必须切实可行，既不应太高，也不能太低，要能够随着环境和组织的变化及时更新和调整。

（三）制定有效的激励机制

正确判断团队成员的"利益需求"是有效激励的前提。实际上，不同类型的成员对于利益的需求并不完全一样，有些成员将物质追求放在第一位，而有些成员则是希望能够获得荣誉、发展机会、能力等其他利益。因此，创业团队的领导者必须加强与团队成员的交流，针对各成员的情况采取合理的激励措施。常见的激励手段主要包括三种：一是团队文化的激励；二是经济利益的激励；三是权力和职位的激励。

创业团队的利润分配体系必须体现个人贡献价值的差异，要以团队成员在整个创业过程中的表现为依据，而不只是考虑某一阶段的业绩。其分配方式要具有灵活性，既包括股权、工资、奖金等物质利益，还要包括个人成长机会和相关技能培训等内容，要能够根据团队的期望进行适时调整。

思考题

1. 创业者应该具有哪些素质和能力？
2. 如何选择合适的创业伙伴？
3. 创业团队组建的基本原则和程序是什么？
4. 创业团队管理的要点是什么？

第三章 创业机会与风险

【学习目标】

1. 理解创业机会与创业风险的内涵和类型。
2. 掌握创业机会识别和机会评估的方法。
3. 了解创业风险应对的策略。

案例导入

努力寻找机会和应对风险的连续创业者

2016年6月,除了腾讯、网易等中国知名互联网公司外,"个推"作为中国唯一的一家创新型大数据公司受邀登上了第63届戛纳国际创意节的舞台,公司创始人方毅发表主题演讲,站在国际舞台展示了"个推"的大数据和移动营销能力。方毅在研究生期间便开始了自己的创业之路。2010年12月,方毅创办浙江每日互动网络科技股份有限公司(个推),为应用软件提供专业的消息推送技术解决方案。2017年,"个推"已成为国内第三方信息推送数据服务商的先驱和领跑者。2019年3月成功登陆创业板,成为国内率先在A股上市的数据智能企业。

发现创业机会——源于生活细节的商机

2005年,还在读研究生二年级的方毅与几位师兄凑了6万元,创办了"每日科技公司",旨在开发手机数据备份的"无知觉解决方案"——充电的时候把数据备份到充电器上,这个手机数据备份器,也就是后来被大家所认知的"备备"。方毅的创业灵感来源于其对生活的观察:许多人丢失手机后,存储在手机里的通讯录也一起丢失了。"能不能每天对手机数据进行备份呢?"在方毅看来,"手机备份"这样的事情被称作"重要但是不紧急的事情",容易被忽视。在给手机充电时,"备备"也顺便为手机进行数据备份。2007年,经历种种困难,方毅的创业团队制造出具有独立知识产权的第一代"备备"数据备份器,并投入市场。

遭遇创业风险——从"个信"到"个推"

2009年,方毅在市场上还没有微信、米聊的情况下想到了"个信"这个概念,把通讯录、短信全部接管过来。如果双方都是"个信"用户,他们就能通过"个信"的IP短信沟通。2010年10月,方毅团队推出了当时国内首个基于通讯录的IP短信即时聊天软件——"个信"。"个信"整合了手机短信和即时消息,跨通信运营商、跨操作系统平台,好友间可无限免费互发短信、彩信、语音等,比微信还早一年问世。"个信"推出后,很快吸引了2 000万用户的关注,成为当时我国此类业务中用户量第一的应用软件。然而,"个信"首先入驻的平台并不是Android系统,而是Symbian系统。2011年12月,借助腾讯的庞大背景和资源,微信迅速崛起,从2012年3月到9月,微信的用户增长了一个亿。"个信"的客源逐渐消失,大势已去,最终逃脱不了失败。

方毅面临着创业以来最大的风险,公司面临着战略迁移、员工裁员等艰难的选择。方毅判断微信或者类微信领域将来可能出现垄断格局。其公司当时并没有构建出成熟的商业模式。最后,方毅和团队成员共同决定放弃"个信",并转型推出"个推",推送技术服务商,提供消息推送解决方案,帮助企业和开发者快捷高效地建立推送系统。"个推"推送核心技术于2012年10月正式对外开放,推出不久,新浪微博成为其第一个重要合作伙伴,目前合作客户包括新浪微博、去哪儿、网易新闻、墨迹天气、滴滴出行、优酷、今日头条、芒果TV、PPTV、博雅、掌上生活、天天动听、美图秀秀、51信用卡管家、宝宝树、e代驾等众多一线热门应用软件。

方毅是一位典型的连续创业者,"个推"已是方毅的第四个创业项目。这个从研究生时代就开始创业的年轻人,多次挖掘机会、应对风险,重新站了起来。对创业机会的敏觉性和很高的风险应对能力显然是方毅

> 作为成功的连续创业者最宝贵的财富。
> （资料来源：彭伟，《创业管理案例集》，浙江大学出版社，2018，有删改）
>
> 思考：在创业过程中，如何识别创业机会与预防创业风险？

第一节　创业机会概述

要想发现并抓住创业机会，我们首先要了解创业机会的内涵、特点、类型，以及来源。

一、创业机会的内涵与特点

（一）创业机会的内涵

"机会"一词在《辞海》中的解释是"行事的际遇、时机"。机会经常被称为一个"窗口"，也就是说，它是真实存在的，但是它不是永远都敞开的，其存在的时间是短暂的。机会窗口是一种隐喻，用以描述企业实际进入新市场的时间期限、创意市场化的时间。随着时间的推移，市场以不同的速度在增长，市场变得更大，确定市场面的难度就更大。因此，适时性很重要。

创业因机会而存在。"机会+创业=创业机会"，机会包含创业机会。创业机会的内涵为创建新企业或既有企业开创新事业的有利通道和恰当时机。它是对新产品、新服务或新业务需求有利的环境，是一种有利于创业的偶然性和可能性。创业机会存在于一个动态的、发展的环境之中，从长远来看，创业机会的价值取决于现阶段的市场空白大小及其能够持续的时间，企业能否有足够长的时间来获取相应的回报。

如图3-1所示，横轴表示时间，纵轴表示市场规模。可以看出，产品市场的发展是一个"起步—加速—放缓"的过程。第一个阶段是机会窗口尚未开启的阶段，市场发展不快，前景也不明朗，但竞争者少，这时期抓住创

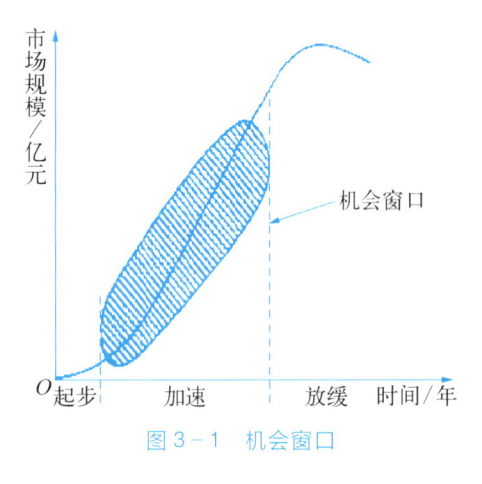

业机会的创业者往往拥有先入者优势，但是风险较大；第二个阶段是"加速"阶段，即机会窗口开启到关闭的阶段，该阶段市场进入了快速增长期，市场规模不断扩大，可以稳定获利，但是市场竞争比较激烈，进入门槛逐渐提高，利润将逐渐降低；第三个阶段是"放缓"阶段，市场已经基本成熟，趋于稳定化，市场规模增长放缓，外部企业很难再进入，机会窗口基本关闭了。选择那些机会窗口存续时间较长的市场机会，创业企业可获利的时间相对较长，取得成功的概率就大一些。这样的机会，其期望价值自然高一些。

图 3-1 机会窗口

任何基于科技创新的产业，只有很短的机会窗口，创业者如果不能抓住这个机会，窗口一旦关闭，机会将很难再出现，创业将错失良机。

（二）创业机会的特点

1. 客观性

创业机会是客观存在的，无论创业者是否意识到，它都会客观存在于一定的市场环境之中。客观存在的创业机会对所有人都是公开的、公平的，每个创业者都有可能发现，不存在独占权。

2. 偶然性

对潜在创业者而言，创业机会并不是每时每刻都显露的，机会的发现具有一定的偶然性，关键是要靠创业者努力寻找。从市场环境变化的必然规律中预测和寻找创业机会，在现实需求中发现新商机，也就是说，创业者要有对市场机会的"警觉性"，时刻做一个"有心人"。创业机会具有一定的偶然性，常常会突然显现，容易使得创业者缺乏思想准备，在机遇面前犹豫不决，看不准也抓不住机会。

3. 时效性

创业机会具有很强的时效性。俗话说："机不可失，时不再来。"机会稍纵即逝，不可复得。创业者如果不能够及时捕捉机会，就会丧失创业的时机。事物总是不断地发展变化，当事物发展到对创业有利时，就产生了创业机会；但事物还会继续发展，不会停滞不动，机会如若不加以利用，就会因为发展变化而消失。由于机会的公开性，别人也可能利用，这就改变了供需矛盾，导致机会失去效用。对于创业者来说，要抓住创业机会并及时利用，才能够发挥机会的最大价值。

4. 不确定性

创业机会总是存在的，但是机会的发展事先往往难以预料。创业机会在一定条件下产生，当条件发生变化时，结果往往也会随之而改变。机会和威胁本身就是一个事物的两个方面。在一定范围内，创业机会随着市场环境的变化而产生，并随着时间的推移而减少和消失，甚至演变为环境威胁。因此，创业机会开发的结果难以预测，具有高度的不确定性。

二、创业机会的类型

（一）按照创业机会的性质划分

按照创业机会的性质，创业机会可划分为问题型机会、趋势型机会和组合型机会三种。

1. 问题型机会

问题型机会是因现实中存在未得到解决的问题而出现的机会。问题型机会在我们的日常生活和企业实践中大量存在。例如，好利来的创业者罗红就是因为当年走遍整个县城都买不到表达自己对母亲挚爱的生日蛋糕，而创建了自己的艺术糕点店。

2. 趋势型机会

趋势型机会一般出现在经济变革、政策变革、人口变化、社会制度变革、文化习俗变化时期，创业者在变化中看到未来的发展方向，预测到将来的潜力和机会。这种创业机会多容易产生在时代变迁、环境变革时期。在这种环境下，各种新的变化因素不断出现，却往往不被多数人所认可和接受。美国米勒啤酒公司开发生产淡啤就是一个很好的例子。

3. 组合型机会

组合型机会是指通过整合两个以上的现有技术、产品、服务因素等，创造新的用途和价值而产生的机会。这种机会好比"嫁接",对已经存在的多种因素重新组合,往往能出现与过去功能存在差异或者效果倍增的情况。例如芭比娃娃就是将婴幼儿喜欢的娃娃与少男少女形象结合起来,形成了一个新的组合,满足了适龄人群的需求。

> **创业故事 3-1**
>
> ### 淡啤:米勒啤酒公司洞悉趋势
>
> 米勒啤酒公司于 1975 年决定推出淡啤,这一品牌使消费者的消费习惯发生了里程碑式的改变。他们是如何预测到这种趋势的?
>
> 20 世纪 70 年代,美国出现了全国性的健康热潮。美国人早餐中的肉食和蛋食越来越少,午餐也不再喝威士忌,晚餐的苏打水和鸡胸肉越来越多,越来越多的人加入节食这一行列中。到 1975 年,7 600 万生育高峰时期出生的孩子中,有将近 2 000 万正值 20 多岁的年轻人。
>
> 这两个趋势形成了一个巨大的、改变啤酒饮用习惯的人群,一个越来越注重健康的人群。意识到这种趋势的发生,米勒公司一开始就把淡啤变成主流,变成年轻、有男子气概、更注重健康的男人的选择。
>
> 1977 年,随着米勒淡啤的成功推出,公司业绩从美国啤酒厂的第七名一跃成为第二名;1980 年,淡啤的销售量占美国啤酒销售总量的 13%,米勒排名第一;1985 年,米勒啤酒作为一个品牌的延伸,其销售量第一次超过了它的前身产品 Miller High Life,成为公司的旗舰品牌,使人们的消费习惯发生了巨大的变化。1975 年,淡啤只占美国啤酒销售量的 1%,到 1994 年就占到 35%,销售额达到 160 亿美元。
>
> 思考:
> 如何看待创业机会对企业的影响?

(二)按照创业机会的来源划分

根据创业机会的来源,创业机会划分为技术机会、市场机会、政策机会三种。

1. 技术机会

技术机会是指由新的科技突破或社会上的科技进步所产生的创业机

会。其主要表现在三个方面：新技术代替旧技术、实现新功能及创造新产品的新技术出现、新技术带来新问题。新技术突破为创业者提供了创业的"技术来源"，这些技术来源有可能触发创业机会。技术创新带来的机会并不是由市场产生的，而是由拥有技术专利的创新主体按照技术的功能适用性进行创新，从而间接地满足市场上存在的某种需求，或者在市场上创造新的需求。

2. 市场机会

市场机会是指由于市场情况的改变而产生的创业机会。一般表现在四个方面：

一是市场上出现了与当前经济发展情况有关的新需求，因此，需要相应的企业来满足这些需求，创业机会由此而产生。

二是当期市场供给缺陷产生了新的商业机会，在市场中不可能实现完全的供需均衡状态时，总可能存在多余供给，无法实现其商业价值，造成资源的浪费，此时，创业者若发现市场中的供给曲线，并采取有效的解决方法，就可以把握创业机会并创造价值。

三是由于不同国家、地区间的发展速度不一，当这种差值扩大到一定程度时，出于环境保护的考虑，不同国家及地区间的产业转移将会出现，较为发达的国家或地区会将一些粗放型、资源消耗型的企业设立在欠发达的国家或地区，在这一过程中，将会涌现出大量的创业机会。

四是由于国家或地区间的发展速度不一，通过向先进国家或地区学习与借鉴，会发现不同国家或地区间的技术及商品鸿沟，这种鸿沟往往隐含着大量的创业机会。

3. 政策机会

政策机会是由政策变化所带来的机会。伴随社会经济的发展、科技的变革，中央及地方政府也在不断地调整政策，这种政策上的变化，将会给创业者带来了新的创业机会。

（三）按照机会的创新程度划分

根据机会的创新程度，创业机会划分为复制型、改进型、突破型三种，分别是指创业机会所运用的手段是对现有手段的模仿性创新、渐进性创新和突破性创新。

1. 复制型机会

复制型机会是指在现有经营模式基础上进行简单的复制，模仿他人成功模式，满足当地需求的机会。很多生存型的创业活动开发的是复制型机会，创业者通过这种模式完成了第一桶金的积累，以及个人管理运营经验的积累，为进行更高水平的创业奠定了基础。

2. 改进型机会

改进型机会是指创业者跳出自己过去的经营范围，模仿国外或者其他行业的模式进行创业的机会。有的模仿型创业一开始技术创新的成分并不高，仅仅是将已经在其他地区获得成功的商业模式引入自己的区域和行业运营。

3. 突破型机会

突破型机会是创新程度最高的机会。开发突破型机会表现为创业者建立新的市场和顾客群，突破传统的经营理念，通过自身的创造性活动引导新市场的开发和形成等。数码相机相对于胶卷成像、LED 电视相对于显像管电视等均属于突破式创新，甚至可以说是"创造性破坏"。突破型创业由于没有效仿对象将面临较高的失败可能性，然而，一旦成功，创业者有可能改变一个行业的格局，乃至对人类生活产生巨大的影响，因此这种创业预期回报也很高，比一般的创业活动更能有效地促进经济的增长，对于那些充满创业精神的人来说更富有诱惑力。风险投资也特别偏好追逐这样的创业者，一旦成功投资一个这样的项目，往往能获得几十倍乃至百倍的回报。

三、创业机会的来源

由于技术发展、政策变化、社会变革等，而产生环境的变化、市场的不协调或混乱、信息的不对称、资源的独占性等结果，进而出现了创业机会。创业机会的存在，并非简单地表露出来。也就是说，大部分的创业机会需要创业者挖掘发生变革和产生机会之间的关系。我们要识别有价值的创业机会，首先要了解创业机会产生的根源。

（一）技术进步

技术进步是创业机会的最重要来源，因为这一技术能够使人们以更高效的方式做事情，这些机会使人们创建新企业成为可能。在发明电子邮件之前人们通过传真、电话、信件和面对面的会议进行交流，但是在因特网技术出现后，一些创业者发现人们可以通过电子邮件进行交流。尽管电子邮件不能完全替代其他的交流方式，但是精明的创业者注意到某些事情采用电子邮件比其他交流方式更好。互联网技术的出现使人们开发出更有效的交流方式——电子邮件，进而创造了有价值的创业机会，并衍生出大量的创业企业。现在，人们可以很便捷地通过视频等多种方式进行交流。美国著名的斯坦福大学每年都有许多学生和教授带着新知识与技术，捕捉到来源于知识与技术的市场机会，开始自主创业，也正是这些新技术的出现和应用，才成就了硅谷的快速发展。

（二）政策和制度变化

任何个体和企业都存在于整个社会环境中，政府政策、法律制度、产业政策等的任何变化都可能释放出新的创业机会。随着经济发展、技术变革，政府必然也要不断地调整自身的政策，这就可能为创业者带来新的商机。因为政策的变化促使创业者能够提出更多不同的想法，而这些创业者可能在一个常规体制下是被禁止进入的；政策的变革也清除了很多不利于新企业创建和发展的制度障碍，这些障碍的清除，使得创业者的创业成本大大降低，原来无利可图的创业项目变得有利可图；政策的变化也可能通过强制增加需求的方式创造出新商机；政策的变化也可以为新企业带来新的机会，比如对某些行业进入限制条件的放宽（例如民用航空、资源开采），政府采购政策的导向等均可能为新企业带来机会。随着我国对环境的日益关注，环境保护和治理法律法规的陆续出台，实施起来也越来越到位，这为那些有环境保护技术和环境监测技术的企业提供了很多新的创业机会。另外，随着新的生育政策的实施，未来保姆和育婴市场需求将大幅度增加，也为一些创业者带来了新的创业机会。

（三）社会变化

社会变化包括人口结构、社会文化等方面的变化。如人口结构变化表现为人口规模、年龄结构、人口组合、就业状况、平均收入、教育程度等方面的变化等，这些人口结构方面的变化能够为市场创造大量的机会。

社会变化是创业机会的来源。首先，社会变化改变了人们对产品和服务的需求。由于创业者通过销售市场所需的产品和服务来获取利益，因而需求的变化就产生了创造新事物的机会。其次，社会变化促使人们针对顾客需求提出更加有效的解决方案。例如，在当代大量人口参加社会化工作的背景下，产生了对更高效用餐方法的需求，这一需求导致了外卖创业机会的出现。中国城市老龄化趋势，将为养老服务、保险市场等领域创造大量的创业机会。

（四）经济变化

社会经济的变化对创业机会的出现具有重要的影响，包括经济的快速发展、可支配收入的提高、产业和市场结构的变化等因素。随着经济的发展，居民可支配收入增长带来了人们消费结构的变化。简单来讲，消费结构就是把钱花在哪些方面。例如，近年来人们对文化生活的需求水平越来越高，因此，电影院、咖啡厅、旅游等产品变得越来越丰富和多样化。产业结构的变化是指因其他企业或者为顾客提供产品、服务的关键企业消亡，或者企业吞并、合并，行业和市场结构发展变化，从而改变行业中的竞争态势，创造或终止了创业机会。近年来我国产业结构的变化较为明显，由原来大规模的重工业逐渐转向与信息技术相结合的新型工业化，如机器人技术、智能手机、移动互联网技术的推广和应用。此外，随着国际化的快速发展，中国作为经济发展迅速、对外交流合作日益频繁的国家，越来越深入地参与到全球化的进程中。国际化交流过程中往往创造很多新的创业机会，例如外语培训、出国留学服务等。

第二节　创业机会识别

经常有创业想法的人这样抱怨："别人机遇好，我运气不好，没有好的机遇。""我要是早几年做就好了，现在做什么都难。"这都是误解。其实机会无处不在，就看能否识别和利用机会。机会识别是创业过程的起点，也是创业过程中的一个重要阶段。许多好的商业机会并不是突然出现，而是对于"一个有准备的头脑"的一种"回报"，或者是当一个识别市场机会的机制建立起来之后才会出现。

> **创业故事 3-2**
>
> ### 牛仔裤的发明
>
> 大家知道牛仔裤的发明人是谁吗?
>
> 当初李维斯跟着一大批人去西部淘金,途中一条大河拦住了他们的去路,许多同行的人感到愤怒和沮丧,李维斯却说"棒极了"。他设法租了一条船给想过河的人摆渡,结果赚了不少钱。
>
> 不久,摆渡的生意被人抢了,李维斯又说"棒极了"。因为采矿工人出汗很多,饮用水非常紧张,于是别人采矿他卖水,又赚了一大桶金。后来,卖水的生意又被别人抢走了,李维斯又说"棒极了"。因为采矿工人跪在地上,裤子的膝盖部分特别容易磨破,而矿区里却有许多被人丢弃的帆布帐篷,李维斯就把这些旧帐篷收集起来清洗干净,做成裤子,就这样"牛仔裤"诞生了。李维斯从现实问题中发现了创业机会,在别人的不经意中实现了创业梦想。
>
> 思考:
>
> 如何识别创业机会?

一、创业机会识别的内涵

机会识别是创业过程中的重要环节,是识别一个好的想法,并将其转化为能够创造顾客价值的商业概念的过程。创业机会识别作为创业活动的初始阶段和核心环节,对于新创企业的发展方向至关重要,是新创企业创造价值不可或缺的重要环节之一。因为创业机会本身很难识别,同样的创业条件下,有人一事无成,而有人却白手起家取得了非凡的成绩。识别产品、服务或业务机会很困难,因为它不单是换一种眼光看待现存的事物。机会识别一半是艺术,一半是科学。创业者必须依靠直觉,使它成为一门艺术;也必须依靠有目的的行为和分析技术,使它成为一门科学。作为创业者,难能可贵的地方是他们能够发现他人所看不到的机会,并把握创业机会迅速采取行动,实现创业机会的价值。在很长一段时间里,人们认为一般人不可能看到创业机会,发现机会是因为创业者个体具有别人所没有的特殊禀赋。机会识别是创业者与外部环境（机会来源）互动的过程。在这个过程中，创业者利用各种渠道和方式搜索并获取与环境变化有关的信息，从而发现现实世界中，产品、服务、原材料和组织流程等方面存在的差距或缺陷，找出改进或创造新的目的、手段、关系的可能性，最终识别出可能带来新产品、新服务、新原材料和新组织流程的创业机会。

二、创业机会识别的影响因素

（一）创业者的认知能力

机会识别是一种认知过程，机会来源于市场需求。有些人认为，创业者具有"第六感"，使他们能看到别人错过的机会；倒不如说创业者更依赖于其创造性思维方式，甚至是一种灵感或者悟性。在创业机会识别过程中，创业者的认知能力起到了决定性的作用，它包括商业警觉性和创造性思维。创业的主体是人，创业机会的识别是创业者基于自身条件和外部环境判断创业机会是否具有价值、是否值得开发，其中既有客观的判断，更有主观因素的影响。不同的创业者对于相同的创业机会也有着完全不同的判断，因为创业机会的识别本身是一个创业者对于事物从认知到判别的过程。

（二）创业者先前的知识基础

创业者所拥有的与创业机会相关的知识和信息在很大程度上影响他对创业机会的识别。创业者在学校积累的知识和技能是常用的度量创业者人力资本的因素，正规的教育能够帮助创业者积累隐性知识和必要的技能，是创业技能、动机和自信的重要来源之一。早期的教育经验会促使个体对特定的事物建立积极的态度，并且构建了学习的能力和方式，导致个体间存在不同的学习风格，而个体间学习风格的差异导致其在机会识别和开发过程中采取的行为存在差异。

俗话说"外行看热闹，内行看门道"，是否拥有相关行业、职能部门的专业知识和工作经验是很多风险投资者考察创业者的重要指标。机会之所以成为创业机会，就在于对机会识别的敏感度，只有具备丰富先前知识基础的创业者才能更有效、更准确地将它识别出来。现代社会是信息社会，我们每天都处于纷繁的信息海洋中，对信息拥有先有权的人越来越少，这样，率先把商机识别出来是创业者拥有的一种独特能力。对机会的警觉性很大程度上是一种习惯性的技能；拥有某个领域更多知识的人，比其他人对该领域内的机会更警觉。具备丰富经验的创业者拥有其他人所不具备的相关行业知识和信息。创业机会的时间性很强，如果创业者能够率先掌握信息，就能够率先采取行动，在未来的市场竞争中就会占领先动优势。

（三）社会网络因素

创业者所处的社会关系网络对机会的感知非常重要，这种关系网络是企业的重要隐性资源，对于创业企业的生存和发展具有至关重要的推动作用。成功的创业企业通常能够从其社会网络中捕捉商机、获取资源，给企业创造出显性资源无法实现的价值。在社会活动中，活跃的创业者，与各种各样的社会成员交流，可广泛获取各种信息并进行整理，诞生出更多有价值的商业创意。往往社会网络圈越大且喜欢与他人打交道的个体，感知创业机会的概率越大，建立了大量社会关系网络的个体，比那些拥有少量社会关系网络的个体更容易得到创业机会。

（四）创业者创业学习因素

学习是一个创造知识的社会过程，这个过程的中心就是获取并转换经验和知识。中国的新企业创始人很少是基于成员能力互补而组建的团队，而更多的是因为共同的利益或兴趣而进行创业，因而新企业存在先天的知识和能力缺口，尤其是大学生创业团队。因此，创业者和创业团队在创业过程中通过创业学习获取独特的知识，是促使新企业识别更多有价值的创业机会的重要手段。

创业者的学习途径主要有两条：一是学习自身积累的直接经验，在转化经验的学习过程中，创业者通过亲身体验和实践，能够较为准确地了解市场的发展趋势和市场需求，这些知识和信息的获取和吸收能够帮助创业者制定出更为符合市场态势的战略决策，满足消费者需求；二是学习其他创业者或企业的经验，观察他人的行为和结果以获取新知识。创业者可以通过与行业中的熟人交流、瞄准行业中的标杆、搜集竞争者和竞争活动的有关信息、参与研讨会等方式，获取和构建新的知识体系。这种方式对于缺乏工作经验的大学生创业者提高机会识别能力尤为重要。

三、创业机会识别的常见方法

（一）系统信息搜索与分析

系统信息搜索可以通过开展系统的初级调查和二级调查的方式，获取与机会有关的知识和信息，进而识别更多有价值的创业机会。开展初级调查是指通过与顾客、供应商、销售商进行交谈和采访，直接与这些主体互动，了解什么正在发生，以及将要发生什么。二级调查是指阅读他人出版的作品、利用互联网搜索数据、寻找包含你所需要信息的报纸文章等。

系统信息搜索与分析可以为创业者提供更多处理问题的方法，训练自己的大脑，接受新的想法、新的信息、新的统计数据和日益变化的外部环境。大量获取知识和信息，对于发现问题并更加快速地切入问题具有非常重要的作用，也有助于创业者产生自己的想法，并把想法记录下来。想法越多，就越有可能找到适合自己的业务和目标市场。瑞士最大的音像书籍公司的创始人就有一个这样的笔记本，当他记录到第 200 个想法时，就坐下来系统回顾所有的想法，然后开办了自己的公司。

（二）问题分析和顾客反馈

问题分析从一开始就要找出个人或组织的需求和他们面临的问题，这些需求和问题可能很明确，也可能很含蓄。创业者可能识别它们，也可能忽视它们。问题分析可以首先问："什么才是最好的？"一个有效并有回报的解决方法对创业者来说是识别机会的基础。问题分析需要全面了解顾客的需求，以及可能用来满足这些需求的手段。

从顾客那里征求想法。一个新的机会可能会由顾客识别出来，因为他们知道自己究竟需要什么。顾客建议多种多样，最简单的是他们会提出一些诸如"如果那样的话是不是会很棒"这样的非正式建议，留意这些，有助于你发现创业机会。另外，顾客也会有选择性地采取非常正式的短文形式进行反馈，一些企业再将顾客的需求非常积极地"反向推销"给供应商。

（三）技术探索与创新

在技术行业中这种方法最为常见。这种方法可能始于明确拟满足的市场需求，从而积极探索相应的新技术和新知识；也可能始于一项新技术发明，进而积极探索新技术的商业价值。创业者通过创造获得创业机会比其他任何方式的难度都大，风险也更高。但是，如果能够成功，其回报也更大。这种情况下所产生的创新在人类所具有重大影响的创新中，居于压倒性的主导地位。索尼公司开发随身听就是一个很好的例子。索尼公司觉察到人们希望随身携带一个听音乐的设备，于是利用公司微缩技术的核心能力从事项目研究，最终开发出划时代的产品——随身听，取得了巨大的成功。

第三节　创业机会评估

机会无时不有、无处不在。尽管创业起步有高有低，创业项目有大有小，但不是所有的机会都必须抓住，都值得去投入资源。一旦创业者感知和发现了新的方法和机会，接下来就需要进行筛选和评估。创业者是否能够正确地评估创业机会，这是他们创业能否成功的重要影响因素之一。

一、创业机会评估的原则

总结国内外创业者的成功经验，我们认为在选择创业项目时，遵循以下基本原则比较容易获得成功。

（一）可行性原则

可行性是选择创业项目的基本要求，包括技术上的可行性、经济上的可行性与政策法规上的可行性。这三条中不满足任何一条都必须改进或舍弃该创业机会。

（二）效益性原则

机会评估过程中需要对市场进行深入的调研，根据市场调研的结果，对市场潜力、投资回收周期、盈利幅度等指标做出判断。项目能否被采用的重要原因在于它是否能使创业者和团队获得收益。

（三）适应性原则

新项目必须与创业者或企业的现有经济实力、研发力量、生产力量、销售力量、顾客需求相适应。适应性是创业项目顺利实施的保障。

综上所述，根据以上三个原则在选择创业项目时，应选择自己熟悉的、自己喜欢的、自己能做并可行的、有市场潜力的、经济效益好的、竞争优势强的、风险适当的项目。

当然，不是所有的项目和行业都适合新企业进入，通过相关资料分析，可以发现以下是新创企业不宜进入的行业：

（1）竞争已经结构化的行业，领导者、挑战者、追随者层次明确，这类行业不宜进入，除非具有独特的优势。

（2）竞争已经泛化的行业，如面临价格、质量、服务、品牌等全方位竞争。

（3）投资额巨大的行业，如保险、航空运输、道路建设、机场建设等。

（4）产品的差异化和产品的信誉已经形成，顾客转换成本较高，销售渠道已经被现有企业掌握的行业。

二、创业机会评估的方法

（一）波特的"五力"模型

五种力量模型（即"五力"模型）是将大量不同的因素汇集在一个简单的模型中，以此分析创业企业未来可能面临的基本竞争态势。"五力"模型确定了竞争的五种主要来源，即：供方的议价能力、买方的议价能力、潜在进入者的威胁、替代品的威胁、同业竞争者的竞争，如图3-2所示。通过"五力"模型分析，我们可以从中挑出在这五种因素中占有较大优势的创业项目，尽量避免在这五种因素中有不占优势甚至处于劣势的项目。

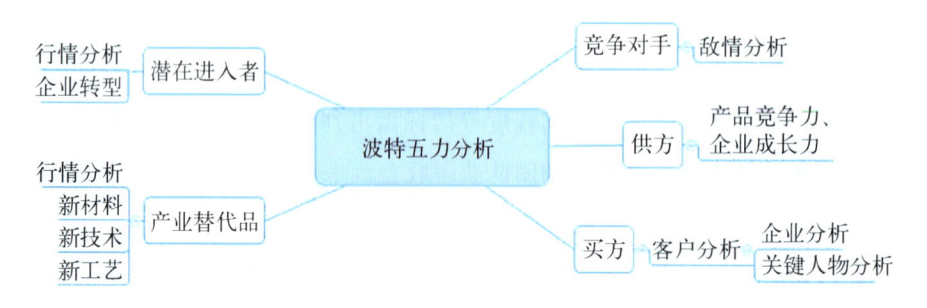

图3-2 波特"五力"模型

1. 供方的议价能力

供方主要通过提高投入要素价格与降低单位价值质量，来影响行业中创业项目的盈利能力与产品竞争力。当供方所提供的投入要素其价值构成了买方产品总成本的较大比例，对买方产品生产过程非常重要，或者严重影响买方产品的质量时，供方对于买方的潜在讨价还价力量就大大增强。

2. 买方的议价能力

买方主要通过压价、要求提供较高质量的产品或服务等方式来影响创业项目的盈利能力。一般来说，满足如下条件的买方可能具有较强的讨价还价力量：买方的总数较少，而每个买方的购买量较大；买方所购买的基本上是一种标准化产品，同时向多个卖主购买产品在经济上也完全可行。

3. 潜在进入者的威胁

潜在进入者在给行业带来新生产能力、新资源的同时，希望在已被现有企业瓜分完毕的市场中赢得一席之地，这就有可能会与创业项目发生原材料与市场份额的竞争，最终导致行业中现有企业盈利水平降低，严重的话还有可能危及这些企业的生存。

4. 替代品的威胁

两个处于同行业或不同行业中的企业，可能会由于所生产的产品是互为替代品，从而在它们之间产生相互竞争行为，这种源自替代品的竞争会以各种形式影响创业项目的竞争战略。替代品价格越低、质量越好、用户转换成本越低，其产生的竞争力就越强。

5. 竞争对手的竞争

大部分行业中的企业，相互之间的利益都是紧密联系在一起的。作为企业整体战略一部分的企业竞争战略，其目标都在于使自己的企业获得相对于竞争对手的优势。因此，在实施中就必然会产生冲突与对抗现象，这些冲突与对抗就构成了现有企业之间的竞争。

根据以上对于五种竞争力的分析，创业者选择的创业项目需要具备以下特征：尽可能地将自身的经营与竞争力量隔绝开来，努力从自身利益需要出发影响行业竞争规则，先占领有利的市场地位再发起进攻性竞争行动，以增强自己的市场地位与竞争实力，进而提高创业的成功率。

（二）SWOT 分析

SWOT 分析法是一种综合考虑企业内部条件和外部环境的各种因素，对其进行系统性评价，来考察创业者初步拟定欲进入的一个或几个项目是否适合创业者，从而选择最佳项目的常用方法。S（strengths）是指企业内部的优势，W（weaknesses）是指企业内部的劣势，O（opportunities）是指企业外部环境中的机会，T（threats）是指企业外部环境中的威胁。如表 3-1 所示。

表 3-1　SWOT 分析因素

	S：优势	W：劣势
企业内部环境	1. 擅长什么 2. 有什么新技术 3. 能做什么别人做不到的 4. 和别人有什么不同之处 5. 顾客为什么来 6. 最近因何成功	1. 自身什么不能做 2. 缺乏什么技术 3. 别人有什么比我们好 4. 不能满足何种顾客 5. 最近因何失败
	O：机会	T：威胁
创业外部环境	1. 市场中有什么适合我们的机会 2. 可以学什么技术 3. 可以提供什么新的技术/服务 4. 可以吸收什么样的新顾客 5. 怎样可以与众不同 6. 在 5~10 年内的发展如何	1. 市场最近有什么改变 2. 竞争者最近在做什么 3. 自身的创新是否赶不上顾客需求的变化 4. 政治和经济环境的改变是否会危及企业 5. 是否有什么因素或事件可能会威胁到企业的生存

优劣势分析是相对竞争者而言的，主要侧重于分析创业者自身的技术与经济因素及其与竞争对手之间的比较，一般表现在企业的资金、技术、组织流程、产品等方面。机会与威胁分析侧重于创业企业的外部环境变化及其可能带来的影响。机会是指环境中对创业企业有利的因素，如政府支持、技术变革、良好的供应商关系等。外部威胁是指环境中对企业不利的因素，例如市场增长缓慢、潜在竞争者的出现、购买者的议价能力强等，这是影响创业企业进入市场及保持未来竞争地位的重要障碍。

（三）Baty 的机会选择因素法

Baty 的机会选择因素法主要通过设定 11 个选择因素，对创业机会进行评价和判断。如果某个创业机会只符合其中的 6 个或者更少的因素，那么这个创业机会就不可取；反之则说明该创业机会成功的可能性很大。具体指标如表 3-2 所示。

表 3-2 Baty 的机会选择因素

1. 创业机会在现阶段是否只有你一个人或者少数人发现
2. 初始产品的生产成本是否可以承受
3. 初始的市场开发成本是否可以承受
4. 产品是否具有高利润回报的潜力
5. 是否可以预期产品投放市场和达到盈亏平衡点的时间
6. 潜在的市场是否巨大
7. 产品是否为一个高速成长的产品家族中的第一个产品
8. 是否拥有一些现成的初始客户
9. 是否可预期产品的开发成本和开发周期
10. 是否处于一个成长中的行业
11. 金融界是否能够理解你的产品和顾客对它的需求

（四）机会评估体系

创业研究学者刘常勇构建的创业机会评价框架比较简单、实用，具有一定的代表性。他认为创业机会评价主要围绕市场评价和回报评价两方面展开，具体评价框架和指标如表 3-3 所示。

表 3-3 创业机会评价框架与指标

市场评价	1. 是否具有市场定位，专注于具体的顾客需求，能够为顾客带来新的价值 2. 依据波特的"五力"竞争模型进行创业机会的市场结构评价 3. 分析创业机会所面临的市场规模大小 4. 评价创业机会的市场渗透力 5. 预测可能取得的市场占有率 6. 分析产品的成本结构
回报评价	7. 税后利润率至少高于 5% 8. 达到盈亏平衡的时间应该在两年以内，如果超过三年还不能实现盈亏平衡，则这样的创业机会是没有价值的 9. 投资回报率应该高于 25% 10. 资本需求量较低 11. 能够创造新企业在市场中的战略价值 12. 资本市场的活跃程度 13. 推出和收获回报的难易程度

(五) 创业项目评价体系

蒂蒙斯于1999年提出了包含8项一级指标、53项二级指标的评价体系，几乎涵盖了其他理论框架所涉及的全部内容，包含行业和市场、经济因素、收获条件、竞争优势、管理团队、致命缺陷问题、个人标准、理想与现实的战略差异方面，被认为是目前最为全面的创业机会评价指标体系，具体如表3-4所示。

表3-4 创业机会评价体系

一、行业和市场	1. 市场容易识别，可以带来持续收入 2. 顾客可以接受产品或服务，愿意为此付费 3. 产品的附加价值高 4. 产品对市场的影响力高 5. 将要开发的产品生命长久 6. 项目所在的行业是新兴行业，竞争不完善 7. 市场规模大，销售潜力达到1千万到10亿 8. 市场成长率在30%~50%甚至更高 9. 现有厂商的生产能力几乎完全饱和 10. 在五年内能占据市场的领导地位，所占份额达到20%以上 11. 拥有低成本的供货商，具有成本优势
二、经济因素	12. 达到盈亏平衡点所需要的时间在1.5~2年，甚至以下 13. 盈亏平衡点不会逐渐提高 14. 投资回报率在25%以上 15. 项目对资金的要求不是很大，能够获得融资 16. 销售额的年增长率高于15% 17. 有良好的现金流量，能占到销售额的20%~30%，甚至以上 18. 能获得持久的毛利，毛利率要达到40%以上 19. 能获得持久的税后利润，税后利润率要超过10% 20. 资产集中程度低 21. 运营资金不多，需求量是逐渐增加的 22. 研究开发工作对资金的要求不高
三、收获条件	23. 项目带来的附加价值具有较高的战略意义 24. 存在现有的或可预料的退出方式 25. 资本市场环境有利，可以实现资本的流动
四、竞争优势	26. 固定成本和可变成本低 27. 对成本、价格和销售的控制较高 28. 已经获得或可以获得对专利所有权的保护 29. 竞争对手尚未觉醒，竞争较弱 30. 拥有专利或具有某种独占性 31. 拥有发展良好的网络关系，容易获得合同 32. 拥有杰出的关键人员和管理团队

续 表

五、管理团队	33. 创业者团队是一个优秀管理者的组合 34. 行业和技术经验达到了本行业内的最高水平 35. 管理团队的正直廉洁程度能达到最高水准 36. 管理团队知道自己缺乏哪方面的知识
六、致命缺陷问题	37. 不存在任何致命缺陷问题
七、个人标准	38. 个人目标与创业活动相符合 39. 创业者可以做到在有限的风险下实现成功 40. 创业者能接受薪水减少等损失 41. 创业者渴望进行创业这种生活方式，而不只是为了赚大钱 42. 创业者可以承受适当的风险 43. 创业者在压力下状态依然良好
八、理想与现实的战略差异	44. 理想与现实情况相吻合 45. 管理团队已经是最好的 46. 在客户服务管理方面有很好的服务理念 47. 所创办的事业顺应时代潮流 48. 所采取的技术具有突破性，不存在许多替代品或竞争对手 49. 具备灵活的适应能力，能快速地进行取舍 50. 始终在寻找新的机会 51. 定价与市场领先者几乎持平 52. 能够获得销售渠道，或已经拥有现成的网络 53. 能够允许失败

蒂蒙斯机会评价指标体系的缺点也比较明显：一是虽然指标多而全，但主次不清晰，实践中对创业机会进行评价时，很难对各个方面的指标进行量化，权重设置困难，难以实现综合评分的效果；二是各维度的划分不尽合理，存在交叉重叠，在一定程度上影响了机会评估指标的有效性；三是该体系是基于风险投资商的风险投资标准建立的，与创业者的标准存在一定的差异性。

综上所述，无论采用何种方法评价机会的价值，得出的结论应该是大同小异的。但好的创业机会一般都具备以下几个基本特征：

（1）市场前景可明确界定。

（2）未来市场中前5~7年销售额稳步且快速增长。

（3）创业者能够获取利用机会所需要的关键资源。

（4）创业者不被锁定在刚性的技术路线上。

（5）创业者可以利用不同的方式创造额外的机会和利润。

三、大学生创业项目的评估

虽然针对创业机会提出许多评估准则，但是由于创业本身就是一件具有高度风险的活动，没有一个创业机会是完美的，因此是否决定抓住机会、实现创业仍然是一件比较主观的决策。其主要还是由创业者根据自身的条件、项目效益与风险平衡、外部环境状况等因素综合考虑后，再做出比较理性的选择。

（一）个人能力评估

古人云："知之者不如好之者，好之者不如乐之者。"这就是指人们对于喜欢和能获得乐趣的事情能够做得更好。创业者只有选择自己喜欢的事业，才能够从创业活动中获得乐趣，才会全身心地去投入，在遇到困难和挫折时才会百折不挠、勇往直前。当创业者所从事的是自己擅长且喜欢的事业时，才能够得心应手。对于任何投身创业的人，能否愿意承担风险是一个重要的问题。个人的动机是成功创业者的本质特征，因此，除非一个人真的想要创办一个企业，否则他是不愿意承担创业风险的。

创业是一个漫长的实践过程，不同时期对于创业者具有不同的知识和能力需求，创业项目评估的首要步骤是分析创业者是否具备创业必需的能力（包括知识、技能和特质），如果不具备，他们能否学习并提高这些能力。许多新企业都是基于创业者的能力才成功创办的，这些能力包括团队协调能力、网络构建能力、运营管理能力、战略能力等。将上述问题结合起来，就变成一个基本的问题——创业所必需的条件与创业者的期望和能力是否相符，这不仅对成功创业至关重要，也关系到创业者的幸福和快乐。

（二）市场评估

市场是指需要你的产品或服务的顾客，这些顾客愿意购买并且具有一定的购买能力，可能是个人或其他企业，包括现有顾客和潜在顾客。大学生创业者启动新事业时一个关键的问题就是评估自己的想法是否存在市场潜力，这是选择和评估创业项目的关键内容，也是一个创业者必须学会的经营企业的第一步。任何成功的企业都是以市场需求为导向的，任何有市场的产品都是满足顾客某种需求的，企业的产品和服务是否满意最终由顾客决定，没有需求就没有发展前景。进行市场评估时需要从潜在顾客那里获取相关信息，获取信息的方法多种多样，包括焦点小组法、调查研究法、与现有顾客和使用相似产品的顾客进行直接交流等；另外也会用到顾客观察、与行业专家讨论、调研发展趋势等方法。如果目标市场已经比较成熟，对顾客和市场需求的调查和评价相对容易，一般采用焦点小组、调查研究的方法。原因是市场成熟时顾客偏好的特征比较明显、稳定，顾客与创业者沟通自己的偏好会更加容易。

满足消费者的需求还需要考虑合适的价格、地点和时间，另外还需要考虑市场的大小（消费者对产品和服务的需求量）和行业增长速度，理想的情况是有一个巨大且快速增长的市场。人们想要成为创业者就需要收集信息；一些创业者认为这项工作太难，市场数据（市场大小、特征、竞争者结构等）经常和真正潜在的商业机会背道而驰，难以真实地反映商机。但是，如果市场数据很容易获取，并且数据很清晰地反映潜在的商机，那么将会有大量的创业者进入市场，此时有效的数据及其可能创造的价值就会减少。

（三）创业必备资源的评估

创业需要多种资源，包括资金、技术、人才、市场渠道、政府资源等，大多数大学生创业者自身拥有的资源不多，需要借助外部资源。但出现创业机会时，创业者需要衡量与评估自身的资源和能够动用的资源，判断是否有足够的条件来启动创业项目，进而迈向创业成功。

创业对个人经验、专业知识等的要求很高，要能准确把握市场走向、经济脉络，顺势而上。创业是创业者对自己所拥有的资源或通过努力能够获取的资源进行优化整合。创业对资金和资金链的需求尤其高，每天都有创业项目获得融资、众筹，也有创业项目终止，在赶热潮似的创业中，有太多还未抵达资本现场（未获得融资）就默默消失的项目。资金在创业过程中起到了举足轻重的作用。此外，创业离不开人脉，一个人能否创业成功，不仅在于你知道什么，还在于你认识谁。在信息时代，信息即利益，那么什么能带来信息呢？是人脉。人脉资源的合理利用，会使创业之路犹如神助，迅猛发展；相反，则不利于创业企业的发展。

第四节 创业风险

创业过程中面临的风险种类繁多，贯穿并交织于整个创业过程，我们要了解创业风险的内涵、特点、类型，学会识别创业风险，掌握应对创业风险的策略。

一、创业风险的内涵与特点

（一）创业风险的内涵

中文"风险"一词，相传起源于远古的渔民，渔民出海前都要祈求神灵保佑自己出海时能够风平浪静、满载而归。现代意义上的"风险"一词，已经大大超越了"遇到危险"的狭窄含义。

一提起风险，很多人马上将其和失败、亏损联系在一起。其实，这是不全面甚至是错误的看法。对于风险，我们一般可从两个角度理解：一是强调结果的不确定性，二是强调损失的不确定性。前者属于广义上的风险，说明未来利润多寡的不确定性，可能是获利（正利润）、损失（负利润）或者无损失也无获利（零利润）；后者属于狭义上的风险，只能表现为损失，没有获利的可能性。

无论对"风险"一词如何定义，其基本的核心含义都涉及未来结果的不确定性或损失。采取适当的措施会使破坏或损失的概率降低，另外，风险还可能带来机会，这样不仅仅降低了风险，可能还会带来收益，有时风险越大，回报越高、机会越大。因此，如何判断风险、选择风险、规避风险继而运用风险，在风险中寻求机会创造收益，意义更加深远而重大。

创业是发现、创造和利用商业机会，组合生产要素并创造价值、创立自己的事业以获得商业成功的过程。因此，创业风险是指由于创业环境的不确定性，创业机会与创业企业的复杂性，创业者、创业团队与创业投资者能力与实力的有限性，而导致创业活动偏离预期目标的可能性及其后果。

（二）创业风险的特点

创业风险具有一些共同的特点：

1. 客观性

创业本身就是一个识别风险和应对风险的过程，风险的出现是不以人的意志为转移的。在创业过程中，由于内外部事务发展的不确定性是客观存在的，因而创业风险也必然是客观存在的。企业只能在一定的范围内改变风险形成和发展的条件，降低风险事故发生的概率，减少损失程度，而不能彻底消除风险。当然，客观性并不否认创业风险的存在也有主观的一面。

2. 不确定性

创业的过程往往是将创业者的某一个"奇思妙想"或创新技术变为现实产品或服务的过程。由于创业所依赖和影响的因素具有不确定性，并且这些因素是不断变化、不断发展的，甚至是难以预料的，因此造成了创业风险的不确定性。其具体表现为：可能遭受已有市场竞争对手的排斥，进入新市场面临着需求的不确定，新技术难以转化为生产力，等等。

3. 损益双重性

风险带来的影响不仅包括损失，而且包括收益，风险越高，收益可能越大。创业风险意味着有可能出现坏的结果；但是，如果创业者能够正确认识并有效地管理创业风险，则有可能将创业风险转化为大量的收益。

4. 相关性

创业风险与创业者的行为及决策紧密相连。同一风险事件对不同的创业者会产生不同的风险，同一创业者由于其决策或采取的策略不同，会面临不同的风险结果。例如：技术标准提高这一技术类风险事件，对普通大学生产生的可能是低风险，对一般农民、工人产生的可能是高风险。

5. 可变性

新企业的内部条件和外部环境不断发生变化，随之带来创业风险的变化。创业风险的变化有量的增减，有质的改变，还有风险所带来的后果变化，以及旧风险的消失和新风险的出现，等等。

二、创业风险的类型

（一）按照风险产生的后果划分

按照风险产生的后果，创业风险可划分为纯粹风险和机会风险。

1. 纯粹风险

纯粹风险是指由于风险因素所导致的，只有可能带来损失而不会获利的风险，也就是说，纯粹风险只有"损失"一种结果。

2. 机会风险

机会风险则是指既有损失可能，又有获利可能的风险，其结果有三种——损失、没有损失和获利，具有危险与机会并存性、机会的诱导性、危险的制约性、风险与收益的对称性等特征，它是当前决策活动中面临的主要风险。

虽然这种依据风险产生的后果划分方法比较简单，但是这种思路在风险管理中非常重要。例如，地震、火灾、洪水等灾害性风险一般属于纯粹性风险，而由于价格、汇率、利率等因素的波动而产生的投资风险一般属于机会风险。

（二）按照风险产生的原因划分

按照风险产生的原因，创业风险可划分为主观创业风险和客观创业风险。

1. 主观创业风险

主观创业风险是指在创业阶段，由于创业者的身体或心理素质等主观方面的因素导致创业失败的可能性。

2. 客观创业风险

客观创业风险是指在创业阶段，由于客观因素导致创业失败的可能性，如市场的变动、政策的变化、竞争对手的出现、创业资金缺乏等。

（三）按照风险内容的表现形式划分

按风险内容的表现形式，创业风险可划分为技术风险、市场风险、政治风险、管理风险、生产风险和经济风险。

1. 技术风险

技术风险是指由于技术方面的因素及其变化的不确定性而导致创业失败的可能性。

2. 市场风险

市场风险是指由于市场情况的不确定性导致创业者或创业企业亏损的可能性。

3. 政治风险

政治风险是指由于战争、国际关系变化或有关国家政权更迭、政策改变而导致创业者或企业蒙受损失的可能性。

4. 管理风险

管理风险是指因创业企业管理不善产生的风险。

5. 生产风险

生产风险是指创业企业提供的产品或服务从小批试制到大批生产的风险。

6. 经济风险

经济风险是指由于宏观经济环境发生大幅度波动或调整而使创业者或创业投资者蒙受损失的风险。

（四）按照创业过程划分

按照创业过程，创业风险可划分为机会识别与评估风险、准备与撰写创业计划风险、确定并获取创业资源风险和新创企业管理风险。

1. 机会识别与评估风险

机会识别与评估风险是指在机会识别和评估过程中，由于各种主观和客观因素，例如信息获取不足、市场环境快速变化、把握市场不准确或推理偏误等，都可能促使创业面临启动就出现方向性错误的风险。由于创业而放弃了原有的职业所面临的机会成本，也是该阶段存在的风险之一（即机会风险）。

2. 准备与撰写创业计划风险

准备与撰写创业计划风险是指创业计划的准备与撰写过程带来的风险。创业计划往往是创业投资者决定是否投资的重要依据，因此创业计划是否适宜，对后续的创业存在影响。创业计划撰写过程中各种不确定性因素和撰写者自身能力的限制，将会给创业活动带来风险。

3. 确定并获取创业资源风险

确定并获取创业资源风险是指由于存在资源缺口，无法获取创业所需的关键资源，或虽然能够及时获取，但获取成本较高，从而给创业活动带来风险。

4. 新创企业管理风险

新创企业管理风险主要包括管理方式、企业文化的构建、创业战略的制定、组织、技术、营销、财务等管理问题中存在的风险。

(五) 大学生创业面临的风险

大学生是一个特殊的社会群体，他们接受了高等教育，作为社会中拥有新技术、新思想的前沿群体，国家培养的高级专业人才，代表着最先进的流行文化，代表年轻有活力的一族，是推动社会进步的栋梁之材。但是，随着教育制度的深化改革、高校扩招规模的不断扩大，迎面而来的是大学生的就业问题。"大众创业、万众创新"时代的到来，为中国的经济注入一股清风，同时也促使越来越多的大学生加入创业的队伍。在大学生创业过程中，虽然大学生有着自身的一些优势，包括思维活跃、拥有较强的专业优势和创新精神，但是面临的风险同样不可忽视。相关调查和研究发现，大学生创业主要面临以下风险：

1. 认识不足风险

绝大部分大学生缺少社会实践经验，缺少人生阅历，更缺少创业经验。很多人是受到中外创业成功的案例、学校的创业教育、各种创业比赛的激励，以及媒体的报道而燃起创业热情的。大学生通常存在三种情况：一是把创业问题简单化、理想化等，普遍意识不到创业资金获取的困难和创业风险的压力，反而对创业的期望值很高，觉得只要动手就会马到成功；二是认为创业是非常困难的事情，大学生创业几乎无法成功，因此根本不愿意动手尝试；三是有些大学生在创业之初，不考虑自身的实力，盲目贪大求全，无形之中增加了创业的风险。

2. 团队风险

团队风险的产生是由于新组建的创业团队成员在个人利益、追求目标等方面与集体愿景相矛盾，导致出现团队之间不能形成相互合作的默契，从而无法实现个人利益与集体利益的双赢。

3. 市场风险

市场风险主要指企业对其生产的产品或服务的市场需求的不确定性而导致创业失败的可能性。首先，研究者在对大学生创业中所面临的行业竞争风险的调查中发现，产品代理是大学生校园创业中竞争最为激烈的项目，因为其代理门槛较低、技术含量较少；其次，中介服务位居大学生校园创业项目选择的第二位，其特点也是准入门槛较低、成本低，主要依靠人脉获取顾客，拓展销售渠道，从而打开市场。最后，以技能培训类为主的培训创业项目也是大学生校园创业的主要选择。分析发现，以上创业项目无一例外都面临着激烈竞争。

4. 管理风险

管理风险是指创业者并不一定是出色的企业家，不一定具备出色的管理才能而带来的风险。很多大学生创业面临的风险，最直接的原因是管理方面的问题。创业者往往有某一"奇思妙想"，可能是新的商业点子，但创业者在战略规划上不具备出色的才能，或不擅长管理具体的事务。大学生虽然可能接受过创业方面的培训，但是大部分只是来自书本，过于理论化，感性认识多，理性认识相对较少。大学生怀有一腔理想与抱负，"纸上谈兵"，造成经营理念淡薄、产品营销方式呆滞、信息闭塞等，不能与复杂多变的市场相适应，使先进的技术没有创造应有的价值，不能准确分析市场未来的发展方向，处于盲目发展的状态。

已选择创业的大学生团队中虽然也有管理类和经济类专业的学生，但是由于长期接受应试教育，不熟悉经营规则，一些大学生创业者虽然在技术上出类拔萃，但理财、营销、沟通、管理方面的能力普遍不足。此外，一些人存在一定的性格缺陷，如自以为是、刚愎自用等，不知企业管理的艰辛，于是造成了内部管理制度不能贯彻执行的情况。这些都会影响创业成功率。

5. 资金风险

资金风险对于创业初期的大学生来说如影相随，资金难筹几乎是每一个创业者都会遇到的难题。如果没有更广阔的融资渠道，创业计划只能是一纸空谈，这也是创业过程中面临的最大风险。资金风险在创业初期会一直伴随在创业者左右。是否有足够的资金创办企业是创业者遇到的第一个问题。企业创办起来后，就必须考虑是否有足够的资金支持企业的日常运作。对于大学生而言，资金主要依靠"借"，向家人、亲戚、朋友借，还有一部分可能的来源是争取风险投资或天使投资，但这对于白手起家的大学生而言成功的可能性很小。在资金来源问题上，大学生压力重重，创业之初资金的局限性为后期的企业运作埋下隐患，导致企业创办起来后，决策性的失误常常发生。

6. 竞争风险

在市场经济中，竞争是必然的。如何面对竞争是每个企业都要随时考虑的事情，而对新创企业更是如此。如果创业者选择的行业是一个竞争非常激烈的领域，那么在创业之初极有可能受到同行的强烈排挤。一些大企业为了把小企业吞并或挤垮，常会采用低价销售的手段。对于大企业来说，由于规模大、效益好、实力雄厚，短时间的降价并不会对它造成致命的伤害，而对初创企业来说则可能意味着彻底毁灭的危险。因此，考虑好如何应对来自同行的残酷竞争是创业企业生存的必要准备。

三、创业风险识别

创业者和企业会面临着许多不同类型的潜在的风险，识别风险是管理和规避这些风险的第一步，它是指对企业面临的现实及潜在的风险加以判断、归类并鉴定风险性质和特征的过程。新创企业周围的创业风险多种多样，这些风险在一定时期和特定条件下是否客观存在、存在的条件是什么及损害发生的可能性等问题，都是风险识别阶段应该回答的问题。创业风险识别主要包括风险感知和风险分析两个方面。创业风险的识别对创业活动至关重要，有助于创业活动的顺利进行，也有益于创业企业的健康长远发展。

（一）创业风险识别的基本条件

作为创业者，应该掌握识别企业风险的基本理论，在识别风险时应具备以下条件：

1. 有备无患的原则

创业风险的出现是正常的，带来一些损失也是正常的，创业者既不能怨天尤人，也不能骄妄轻敌；关键是要密切监视风险，减少损失，化解不利，甚至将风险转化为盈利的机会。

2. 识别风险的能力

发现和识别风险是为了防范和控制风险。如果创业者在企业未发生损失之前就能够识别风险发生的可能性，那么这个风险是可以被管理的，因此，风险识别是进行风险管理的基点。

3. 未雨绸缪的观念

创业风险需要创业者通过对创业活动的迹象、信息进行归类，认知风险产生的原因和条件，创业者不仅要识别风险的性质及可能的后果，更重要的

（也是最困难的）是识别创业过程中各种潜在的风险，为采取有效措施提供依据。

4. 持之以恒的思想

因为创业风险伴随着整个创业过程，同时风险具有可变性和相关性的特点，所以创业者必须有"打持久战"的准备。风险的识别工作应该是连续地、系统地进行，并成为企业一项持续性、制度化的工作。

5. 实事求是的精神

虽然风险识别是一个主观过程，但是创业者必须遵循客观规律。风险识别是一项复杂而细致的工作，创业者要按特定的程序、步骤，选用适当的方法逐层次地对各种现象进行分析，并对企业实事求是地做出评估。

（二）创业风险识别的主要步骤与需要注意的问题

1. 主要步骤

（1）信息搜集，首先通过实地调查、访谈、现场考察等途径获取知识和信息；其次，需要敏锐的观察和科学的分析，对各类信息、数据及现象进行处理。

（2）风险识别，根据对信息的分析结果，确定风险或潜在风险的范围。

（3）重点评估，根据量化分析的结果，运用定量分析、定性分析、假设、模拟等方法，进行风险影响评估，预测可能发生的后果，提出风险防范的方案选择。

（4）计划拟定，提出风险处理的方法和行动方案。

2. 需要注意的问题

（1）信息收集要全面，我们可以通过两个途径收集信息：一是企业内部积累或者专人负责；二是借助外部专业机构的力量。后者可以获得足够多的信息资料，有助于全面地识别创业活动面临的潜在风险，但是需要付出一定的成本。

（2）风险因素罗列要全面，我们要根据创业企业在运营过程中可能遇到的风险因素，逐步找出一级风险因素，然后再进行细化，延伸到二级风险因素，再延伸到三级风险因素。

（3）最终的分析要综合，我们不仅需要进行定性分析，也要进行定量分析。

（三）创业风险识别的方法

1. 环境分析法

环境分析法是指以环境为对象进行分析，发现机会和威胁，区别优势和劣势，把握不确定性和变动趋势，明确相互作用和影响，找出环境中可能引发风险的要素。环境扫描和分析是一个复杂的过程，是搜集和整理企业内部和外部各种事件、趋势的信息，了解和掌握创业所处的内外部环境的变化，辨别企业所面临的创业风险和机遇，为企业预警和风险控制系统提供科学的信息。在企业层面上的环境分析，一方面是提供企业环境中社会、文化、政治、经济和技术等要素的未来宏观变化趋势；同时分析投资者、消费者、供应商、政府部门和竞争者等外部微观环境，例如：市场是否有新的竞争对手介入，竞争对手变动趋势是什么，市场需求变化对企业产品销售将产生什么影响。另外一方面是提供企业内部资源，以及管理团队、竞争能力等变化的信息。我们通过这两方面信息的综合，可以提供一套系统的、有关创业内外部环境的风险信息。

2. 专家调查法

该方法利用专家的经验、知识和能力，发挥专家的特长，对风险的可能性及其后果做出估计。该方法由专业的风险管理人员逐一列出该企业、单位可能面临的风险，并根据不同的标准进行分类。专家调查法的基本步骤是：选择主要的风险项目，选聘相关领域的专家；专家对各类可能出现的风险进行评估、打分；收集专家意见并整理分析，再将结果反馈给专家；把专家的第二轮结果汇总，直到比较满意为止。专家调查法是一种重要而又广为应用的风险识别方法。

3. 分解分析法

该方法将复杂的事物分解为多个比较简单的事物，将大系统分解为具体的组成要素，从中分析可能存在的风险及潜在损失的威胁，以图解表示的方法调查损失发生前种种失误事件的情况，或对各种引起事故的原因进行分解分析，具体判断哪些失误最可能导致损失风险发生。

4. 财务报表分析法

风险管理人员经过实际的调查研究，按照企业的资产负债表、利润表、现金流量表等财务资料，对企业财务状况进行分析，发现其潜在风险。

5. 流程图分析法

该方法将生产、经营、管理过程按其内在逻辑联系绘成作业流程图，针对流程图中的每一阶段、每一环节进行调查分析，以此识别风险。通过考察企业运营活动的流程图，我们可以识别企业的风险，把这些流程图与可能暴露的风险清单放在一起研究，可以确定哪些项目起作用。流程图对于识别生产流程中的风险来源特别有用。流程图的类型有多种：简单和复杂流程图、内部和外部流程图、实物形态和价值形态流程图、生产和资金流程图等。该方法便于发现容易引起风险和损失的环节和部门。

6. 现场观察法

现场观察是创业者识别风险必须做的一项工作。通过直接观察企业的各种设施及进行的各种操作，创业者能够深入了解企业的活动和行为方式。因为存在一些用其他方法难以识别的风险，所以创业者定期视察企业的各个场地和部门是十分重要的。在视察过程中与部门经理及其他员工进行深入的交流，对创业者来说具有很大的帮助。面对面交流可以使创业者更了解有关当前的损失及未来可能出现的潜在风险。

四、创业风险的应对策略

（一）针对心态和认识不足风险

在创业之前，创业者必须脚踏实地、科学地进行市场调研，而不仅仅是进行理想化的推断；应避免浮躁心理，选择合适的时机、合适的项目和合适的规模进行创业。手中没有较多资金又无经营经验的创业者，不妨先从小事业做起，不积跬步无以至千里。小事业虽然发展慢，但创业者不会为亏本担惊受怕，还能积累经验，为下一步做大事业打下基础，这对于很多大学生创业者至关重要。

（二）针对创业团队风险

选择合适的创业伙伴是获取创业成功的必要条件。首先，选择诚信、求实、善于吃苦奋斗的人作为自己的伙伴，创业要成功离不开诚信，这是创业团队拥有较高素质的重要保障，也是创业成功的重要基础；其次，创业是一项实践活动，离不开具有创业管理与经营经验的人才，他们更加了解行业的现状，在市场、公关、人脉渠道的拓展上具有突出的优势；最后，热情是支持大学生进行实践活动的精神动力，许多创业者凭着"三分钟热度"参与到创业活动中去，这容易导致遇到困难而轻易放弃，只有浓厚的兴趣和强烈的责任感，才能支撑创业者在坎坷的创业道路上持之以恒。

（三）针对管理风险

在市场经济条件下，企业要生存、发展，创业者必须具有良好的经营管理能力。大学生普遍缺乏经营管理知识，在学校得到的教育过于注重理论知识，缺乏实际经验。针对管理知识缺乏的风险，首先，具有创业意识的大学生应该努力学习相关的专业知识，尽量做到精通，并且对经济管理及法律等方面的知识同样需要有所涉猎，这会为以后的创业之路打下良好的知识基础。其次，大学生要尽可能地多参加各类创业讲座或观看创业方面的资料，借鉴别人的创业经验，反思其他创业者的失败教训，为自己以后的创业少走弯路打下坚实的基础。最后，大学生要在创业前利用专业竞赛、创业路演、创业大赛等活动积累社会实践经验，提前认识创业中可能存在的管理问题，提前了解解决各种问题的方法，同时在实践过程中有效地锻炼和提高自身的观察力、思维力、想象力和实际动手操作能力。

（四）针对市场风险

首先，大学生应当依据自身的条件及项目的市场可行性进行选择。选择一个好的创业项目对于创业实践的成功相当重要；选择与自身所学的专业知识联系紧密、符合创业者性格和志向、市场前景明朗的行业往往更加容易规避风险，获取成功。其次，大学生在防范市场风险方面的经验不足，可以向"前辈"学习，并与其企业建立合作关系，多吸取他们的经验教训，并将所学经验合理地应用到自身企业之中，从而更加有效地规避市场风险，同时还可以向相关专业教师进行咨询。新创企业在短期内，市场对其产品或服务的需求通常不能够马上表现出来，创业者需要通过一段时间的投入和培育，刺激和引导消费者，唤起消费者的消费需求，在这种情况下，如果能够借助同行中强势企业的帮助，实现"借船出海"是较为有效和简捷的方法。

（五）针对资金缺口风险

大学生创业资金风险的化解，既要把握外部因素，也要把握自身的主观因素。外部因素指政府、社会和高校。政府应适时出台和完善一些扶持政策，如提供政府性创业奖学金、创业基金等；社会要高度关注和支持大学生的创业活动，给予他们必要的创业指导；高校不仅要倡导大学生积极准备创业，而且要为他们创业积蓄好力量，如设立相关的机构，设立相关的奖项，允许他们在校期间创办企业，为大学生营造良好的创业环境。

政府提供的创业基金通常被较多大学生创业者高度关注，其优势在于利用政府资金不用担心投资方的信用问题，而且政府的投资降低或免除了筹资成本。个人筹集创业启动资金最常见、最简单且最有效的途径就是向亲人融资，它属于负债筹资的一种方式。其优势在于向亲友融资一般无须担保，且利率较低。也就是说，向亲友融资可以有效降低资金成本。寻找合伙人投资是指按照"共同投资、共同经营、共担风险、共享利润"的原则，直接吸收单位或个人投资、合伙创业的一种筹资途径和方法。合伙创业不仅可以有效筹集资金，而且有利于对各种资源进行利用和整合，能尽快形成生产能力，降低创业风险。

（六）针对社会资源匮乏风险

学校往往会充分整合学校、政府、企事业单位的资源帮助学生创业，降低创业的门槛，采用学校帮扶引导与学生自主构建有机统一的模式，切实解决学生在创业过程中遇到的问题或困惑。学生要珍惜和合理利用这些资源弥补自身资源的短缺问题，坚持"走出去"和"引进来"的战略，积极参与学校举办的有关专家学者、成功人士或行业领头人的创业讲座和创业经验分享会，多听取他人的宝贵意见，多吸取优秀的管理经验，多与有创业意愿的同学沟通交流，触发新思维。此外，大学生创业者还需要充分利用同学关系、校友关系，拓展团队的人脉资源，逐步建立自己的资源库，推进项目对接或与其他企业的项目合作。

（七）针对竞争风险

竞争是企业生存之道。风险和不确定性是相对的，不断创新能预见竞争风险并化解风险，是大学生创业的破局之道。"创业是一个创新过程，在这个过程中，新产品或服务的机会被确认、被创造，最后被开发出来产生新的财富创造的能力。"德鲁克的论述指明了创新是企业家精神的本质。大学生创业者要把创新的理念融于新产品的开发，融于新流程的管理，融于新市场的开拓，从而创造新的价值或财富，促进企业的成长和发展。化解风险的创新可以具体化，或是引入一种新的产品，或是采用一种新的生产方法，或是开辟一个新的市场，或是获得一种新的原料，或是实行一种新的企业组织形式。

总之，只要时刻不忘创新，并能够持续推进价值创新，就能将潜伏的竞争风险化解在萌芽状态。此外，在创办新企业之前，创业者需要收集足够的与行业和竞争者有关的信息规避风险，了解即将进入的行业中的主要竞争者、竞争态势等信息，往往一个企业的失败与创业者有没有收集到足够的信息有很大的关联。

思考题

1. 为什么有的人看到了创业机会，而有一些人却看不到？
2. 在创业中"闻风而动"，何谓"风"？怎样"闻"？如何"动"？
3. 你觉得大学生创业面临的主要风险及其原因是什么？如何应对？

第四章 创业资源

【学习目标】

1. 了解创业资源的分类和属性。
2. 理解创业过程中的资源需求。
3. 明确创业资源获取的途径。
4. 掌握创业资源整合和利用的技巧。

案例导入

寻找创业资源

褚同学是东华理工大学2017级资源勘查工程卓越班的本科生。他于2019年4月创立的上海醒梦文化传媒有限公司和平顶山梦醒文化传媒有限公司，初涉江西省"互联网+"创新创业大赛，就一举斩获银奖。如今，两家公司每年营销额超1亿元，直接带动就业人数超1 000人，间接带动就业人数超12 000人，褚同学的创业事迹入选了2021年全国第四届"闪亮的日子——青春该有的模样"大学生就业创业典型人物事迹。

大学生创业初期的资源发掘：知识与时间

学习知识、参加竞赛、训练实操、学业规划……是褚同学在大学期间丰富生活的写照，他将大量时间花在了这些事项上，这也是其初创企业获取资源的主要渠道。

褚同学把兴趣当老师，开始运用自己对互联网的兴趣涉足自媒体账号运营工作。为了获取"关注度""点击量"，他花费了大量时间钻研青年的喜好、语言习惯，学习党和国家各种方针政策，了解重要活动、重大会议释放的信号，掌握新媒体运营的各种规章、制度和要求……他撰写的推文的点赞量持续上升，他也因此获得了自己创业生涯的"第一桶金"——来自撰文的报酬。但他深知众人拾柴火焰高的道理，为了拓展业务，他从同学中寻求掌握不同知识的同伴，传授他们互联网运营的技巧，组成了中文、资勘、计算机等专业学生参与的"醒梦"校园初创组。

2018年，在学校创新创业教育学院的支持下，褚同学的创业组参加了学校科技创新比赛、"创青春"大赛，练习撰写创业计划书，进行商业路演，开展SWOT分析……他们的创业计划越来越成熟可行了。

创业成长期的资源获取：政策与平台

随着互联网的发展，褚同学敏锐地感觉到短视频、直播视频将成为创新创业的"蓝海"。2018年，东华理工大学创新创业教育学院网站上发布了一则允许在校学生保留学分休学创业的规定，为褚同学专心探索创业前路提供了充足的政策和时间保证。

休学创业以后，褚同学有了更加充足的时间探索互联网产业规律。他发现，随着技术创新、信息传播介质不断迭代等，短视频和直播视频正在与社会各领域、各层面进行深度融合，呈现出新态势，存在巨大前景。尤其是"电商变现"模式，可以极大缓解初创企业资金缺乏的问题，在没有资金、场地的情况下，褚同学通过了解国家支持大学生创新创业的政策，找到当地政府协商沟通，先后在上海、平顶山、无锡市政府的技术和资金支持下成立了上海醒梦文化传媒有限公司和平顶山梦醒文化传媒有限公司，目标定位为农产品在线销售，服务国家乡村振兴战略。有了政府支持的"初创基金"，褚同学很快建立了自己的直播公司，拥有了稳定的办公场所，享受了大学生创业税费减免政策，让他有足够精力投入业务拓展。

创业发展期的资源利用：盘活闲置、对接需求与提供服务

公司的发展过程并不如想象中的那么顺利，要适时调整经营方案。经过一段时间尝试，褚同学和他的团队发现，占据直播视频行业顶端的"TOP主播"资源多、信用高、带货能力强、粉丝数量大，但在主播群体中人数少、收入高，对于平台来说存在较大风险隐患。经过对主播、乡镇企业、农产品及行业存在的问题进行深入分析，他们认为培养小主播，用身边语言推荐身边的产品更符合农产品视频直播"社会化"的趋势。

褚同学整合公司现有闲置资源，将业务拓展为有差异化地培训农产品代言"小主播"，将带货产品定位在农业、旅游、文化等十四个行业。他们塑造独一无二的主播，做有特色、有道德、有纪律、有温度的直播平台；在一年多时间的打磨下，终于创造出一套快速规范的直播培育体系，培育时间短至 2 个月，不仅带动了广大农村"小主播"就业，还转动了农产品这块"大风车"。此外，他们还与其他公司合作包装产品，并投放到各大商业网站。

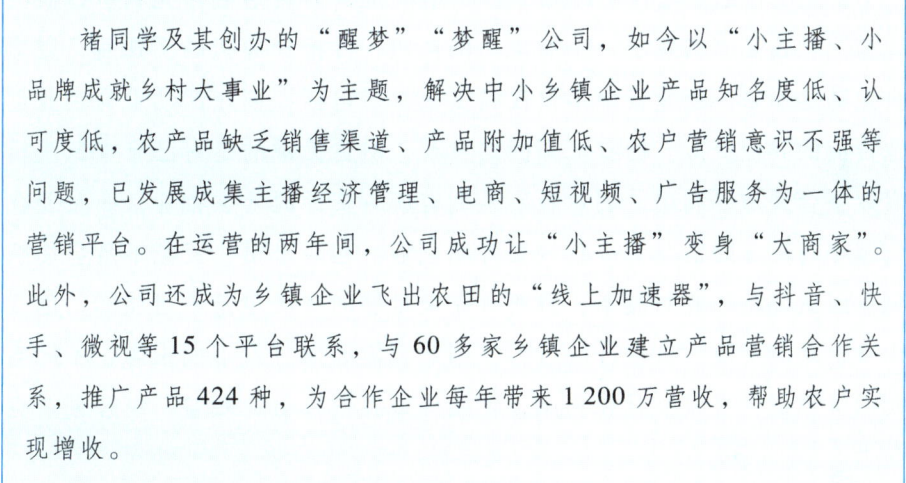

褚同学及其创办的"醒梦""梦醒"公司，如今以"小主播、小品牌成就乡村大事业"为主题，解决中小乡镇企业产品知名度低、认可度低，农产品缺乏销售渠道、产品附加值低、农户营销意识不强等问题，已发展成集主播经济管理、电商、短视频、广告服务为一体的营销平台。在运营的两年间，公司成功让"小主播"变身"大商家"。此外，公司还成为乡镇企业飞出农田的"线上加速器"，与抖音、快手、微视等 15 个平台联系，与 60 多家乡镇企业建立产品营销合作关系，推广产品 424 种，为合作企业每年带来 1 200 万营收，帮助农户实现增收。

褚同学从利用自身资源，到挖掘身边资源，再到获取政策资源、人脉资源，分析信息资源，盘活闲置资源，形成资源整合、利用、分配的有效平台，实现了从初创企业到创业"黑马"的升华。

思考：

1. 作为大学生，你现在拥有哪些创业资源？
2. 你如何充分运用这些资源开启创业计划？

直播助农

第一节　创业资源概述

创业资源对创业具有重大作用，在企业创立及成长过程中拥有创业资源，有助于创业目标的实现。

一、创业资源的内涵、分类与属性

(一) 创业资源的内涵

资源是供人们从事生产和经济活动的有用之物。从管理者的角度而言，资源就是企业为实现公司战略目标，在向社会提供产品或服务的过程中所拥有的，以及所能支配的各种要素。

创业者在创业过程中常犯的一个错误是认为资金必须先到位，而实际情况往往是当构思出一个有潜力的商机，并推动商机的实现时，资金自然随之而来。创业资源不仅仅是资金，还包括在创业活动中为企业创造价值的其他资源。拥有资源固然重要，但更关键的是对已有资源进行有效整合并加以利用。创业者不是拥有所有资源时才去创业，而是要在资源相对缺乏的情况下寻找资源开始创业。相对来讲，资源不足会影响创业团队成功创业的概率，但要有完全足够的资源也是不可能的。创业本身也是对资源重新整合的过程，创业者需要通过对不同来源、不同类别的资源进行有效整合和利用，才能使资源发挥最大效益，提升创业竞争力。

综上所述，创业资源是企业创立及成长过程中所需要的各种生产要素和支撑条件。凡是对创业有所帮助的要素，都可以归为创业资源的范畴。创业资源是有限的，创业成功必须合理计划和利用好有限资源。

(二) 创业资源的分类

创业资源具有复杂性、多元性，涉及资金、时间、人才、市场等方面，按照资源种类进行划分，创业资源包括人力资源、资金资源、信息资源、其他资源等四种类型，其中最重要的是前面三种，如图4-1所示。

1. 人力资源

创业人力资源是指创业者具有的体质、文化知识和劳动技能水平，包括核心人力资源和一般人力资源。其中核心人力资源包括创业者、核心创业团队、关键技术与资源掌握者；一般人力资源是指创业企业必需的但并不掌握关键技术与资源的人员。拥有创业所需的人才和团队是创业的必要的条件。

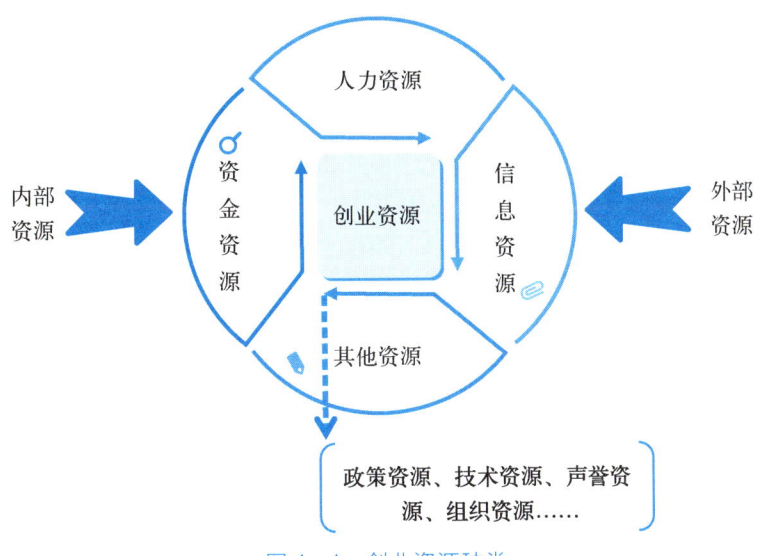

图 4－1　创业资源种类

2. 资金资源

创业资金资源是指创办企业所需要的启动资金，以及企业转型或发展所需要的资金等。

3. 信息资源

创业信息资源是指创业前和创业过程中所涉及的一切文件、资料、图标和数据等信息的总称。常见的信息资源包括行业概要、技术创新、发展趋势、项目交易数据、供求信息、研究报告、财经数据、科研数据、学术论文、品牌口碑、公司名录等。

4. 其他资源

除以上三种重要资源外，还存在多种可以转化为具体服务内涵的资源。主要包括政策资源（中小企业创办政策、大学生创业优惠政策等）、技术资源（设备、专利及许可证明、实验场地等）、声誉资源（社会、民众及周围环境对于企业的感知与评价）、组织资源（组织架构、信息产生机制及计划体系等）等。

(三) 创业资源的属性

不同学者还根据资源的不同属性，将创业资源划分为内部资源与外部资源、直接资源与间接资源、显性资源与隐性资源等。如表 4－1 所示，分别可以根据以下的含义理解：

表4－1 常见创业资源的种类及属性

种　类	内　容	属　性
人力资源	核心人力资源	直接资源、显性资源
	非核心人力资源	直接资源、显性资源
资金资源	创业需要的资金	直接资源、显性资源
信息资源	创业前和创业过程中的信息	间接资源、隐性资源
其他资源	政策资源	间接资源、隐性资源
	技术资源	直接资源、隐性资源
	声誉资源	间接资源、隐性资源
	组织资源	直接资源、隐性资源

1. 内部资源与外部资源

内部资源是指创业者自身所拥有的可用于创业的资源；外部资源是指创业者通过社会网络或其他途径吸引到的资源。二者并没有统一的划分界限，可以包括人力资源、资金资源、信息资源、其他资源等。

2. 直接资源与间接资源

直接资源是指直接参与企业战略规划的资源要素，如资金资源、组织资源、人力资源；间接资源是指非直接参与战略制定和执行，而是主要为企业成长提供便利和支持的要素，如政策资源、信息资源等。

3. 显性资源与隐性资源

显性资源是看得见摸得着的人、财、物等相关资源；隐性资源虽然看不见，但在创业过程中实际起作用，如信息资源与政策资源等。

二、创业资源的作用

（一）人力资源的作用

创业者及其团队本身就是十分重要的创业资源，在创业过程中起着决定性的作用。人的能力和素质决定了创业项目启动方式和资金投入方式。创业者及其团队的知识、技能和经验影响着创业成败。组成一个有专业人才的一流创业团队，能够极大促进创业的成功。专业人才的加入，能够增强创业竞争力，特别对于一些高科技新创企业，专业人才的作用显得更加突出。

> **创业故事 4-1**
>
> ### 史玉柱的创业
>
> 1984 年，史玉柱大学毕业后被分配到安徽省统计局工作，主要负责数据的统计分析和处理。传统的手工操作方式让他不满意，于是他决定动手编写软件，利用电脑提高工作效率。
>
> 经过一段时间的摸索和努力，非专业出身的他开发出了一个统计系统软件，在全国统计系统年会上推广使用。其出类拔萃的工作成绩引起了人们的关注，单位决定将他作为"第三梯队"培养，保送进修研究生，只要一毕业即刻升职，未来是一幅美好的蓝图。但读完研究生的史玉柱做了一个令人惊讶的决定：放弃仕途，辞职下海办企业。单位同事、家人都为此感到不可思议。
>
> 史玉柱创业的种子就是自己读书期间呕心沥血开发出的一套软件。当时他东挪西借 4 000 元人民币用于开发软件，后又花费 1.7 万元购买了一台电脑，并在计算机相关报纸上做广告。做广告后的第 13 天，史玉柱拿到了订单，有接近 2 万元的汇款，从此他的小企业生存了下来，4 个月后，他的销售收入达到了 100 万元。
>
> 思考：
>
> 你如何看待创业中人力资源的作用？

（二）资金资源的作用

资金在创业中无时无刻不发挥着重要的作用，创业之初需要启动资金，在企业销售活动产生现金流之前，企业购买和存贮货物、支付员工薪水、维持创业其他相关活动等，都需要资金。创业过程中需要运转资金，没有好的现金流，企业的经营会出现严重问题。据国外文献记载，倒闭的企业中有 85% 是盈利情况非常好的企业，而这些企业倒闭的主要原因是资金链断裂。因此，资金对企业，尤其是对初创型企业有着至关重要的作用。比如，在第二次世界大战期间，宾夕法尼亚大学的普雷斯波·艾克特和约翰·莫奇带领一个小组从事计算机研制工作。1946年，他们开发出了第一台具有商业用途的计算机，紧接着成立了艾克特-莫奇公司，将计算机商业化，并在1948年推向市场，其比IBM的第一台商用计算机整整早了6年。但由于艾克特-莫奇公司承担不了庞大的研发费用，缺乏资金资源的支持，最终被其他公司兼并。

（三）信息资源的作用

信息资源贯穿于创业活动的全过程，受创业者的人力和社会资源网络影响。创业者如果在开始创业活动之前就拥有优质的信息资源，那么对于创业机会评价并及时把握这一机会至关重要。寻找信息资源是为了获得更多关于某种资源的价值性、稀缺性、不可复制性等信息，但需要一定的成本，而掌握的信息越多，搜集的效率越高，成功创业的概率也会越大。

> **创业故事 4-2**
>
> **信息资源带来的灵感与创业商机**
>
> 比亚迪老总王传福的创业灵感来自一份《国际电池行业动态》，它是一份简报似的东西。1993年的一天，王传福在一份《国际电池行业动态》报道上了解到，日本宣布本土将不再生产镍镉电池，王传福立刻意识到这将引发镍镉电池生产基地的国际大转移，自己创业的机会来了。果然，随后的几年，王传福利用日本企业撤出留下的市场空隙，加之自己原先在电池行业多年的技术和人脉基础，他的事业做得顺风顺水。
>
> 思考：
> 如何看待信息资源在创业中的重要性？

（四）其他资源的作用

各类创业资源都会直接或间接地作用于创业活动，并产生一定影响，这些资源是可以被获取、开发和利用的，因此要善于把握和使用。比如，技术资源是直接作用的资源，创业者在创业过程中如果掌握了某方面核心技术，对创业将产生极大的促进作用，核心技术就是创业的核心资源，这种资源是其他人短时间内难以复制和模仿的，能够让创业者在创业初期占领高地，更好地促进创业成功。再如，政策资源、社会资源等虽然未直接作用于创业活动，但是所有的创业活动都要在政策环境和社会环境中进行，不同的政策和社会环境将影响创业活动的组织方式。

> **创业故事 4-3**
>
> **技术资源创业**
>
> 克里斯·戴尔是理工学院的毕业生，毕业后她任职于一所商业学校，同时继续做着银行安全领域的技术研究。由于工作原因，克里斯·戴尔接触到一个既没有文凭也没有工作经验的年轻人，他向克里斯·戴尔展示了自己研发的电子游戏系统，由此激发了克里斯·戴尔对科技研究的兴趣和信心。克里斯·戴尔认为，凭借她的科学和管理硕士文凭，同样可以做这些甚至做得更多更好。不久，克里斯·戴尔决定完全投身于银行安全这个在欧洲鲜有人涉及的研究领域，很快她发明了一种用于银行安全系统的人体测量高科技识别技术。同时，她联系了一些醉心于研究电子和信息技术的朋友并告知了她的项目规划，在征得他们加入团队的许可之后，克里斯·戴尔组建了和风科技公司，并迅速赢得了投资方青睐。
>
> 思考：
> 技术资源是如何推动创业开展的？

第二节 创业资源获取

创业者需要充分发挥智慧，利用有限的条件撬动尽可能多的资源才能促成创业。就如诸葛亮被大家喻为智慧的化身，正是因为他懂得资源获取的技巧，借天时、借地利、借人和，才会抓住草船借箭、火烧赤壁等战机，在有限的环境下，充分利用了自然环境与人文环境的便利，成就了大业。

一、创业资源的来源

创业资源的获取主要通过内部开发和外部获取两种方式。新创企业资源匮乏，创业者也不可能拥有相对较多的资源，大部分非核心资源（如资金资源）等都应当从外部获取，而少部分核心资源则需要掌握在企业自己手里。例如新创企业对于核心的人力资源与技术资源，就应当通过企业内部开发获得。内部资源开发存在难度大、步子慢的特点，但是一旦成功获得，往往不易发生转移，不易被模仿抄袭，容易形成企业核心竞争力。因此，创业企业可以考虑"借力发力"，通过"外部引入+内部消化+自主开发"的方法进行。外部获取有交易换取与合作换取两种方式。交易换取包括购买、租借和交换等方式；合作换取又可分为股份合作、联盟合作、松散合作等方式。

二、创业资源获取途径与技巧

（一）主要创业资源的获取途径

1. 人力资源的获取

这里的人力资源不是指新创企业成立以后需要招募的员工，而是指创业者及其团队拥有的知识、技能、经验、人脉资源、社会网络资源等。人力资源既可以从内部开发，也可以从外部获取。

创业者及其团队成员可以有意识地开发自身综合能力，提升知识、技能和经验。可以在读书期间参与一些力所能及的社会活动，比如做校园产品的地区代理、商场导购或销售、"校园跳蚤市场"组织者或参与者、学校各类社会实践活动的组织者或参与者等，既能赚得一些收入，又能增长市场经验、锻炼组织能力。也可以考虑在实习期间或刚刚就业期间，进入企业实习，学习行业知识，积累客户资源，了解企业运作的经验，学习开拓市场的方法，认识盈利模式。

创业者及其团队成员还需要通过开发人脉资源和社会网络资源提升创业成功率。美国钢铁大王卡耐基说："无论你从事什么职业，学会处理人际关系，能够掌握并拥有丰厚的人脉资源，你就在成功路上走了85%的路程，在个人幸福的路上走了99%的路程了。"人脉资源可以分为金融人脉资源、行业人脉资源、技术人脉资源、思想智慧人脉资源、媒体人脉资源、客户人脉资源、高层人脉资源、底层人脉资源等，创业者及其团队成员首先应当做好人脉资源的分类与规划，结合自己的创业计划确定核心人脉资源、密集人脉资源和松散备用人脉资源等，再根据需求开发新的人脉关系。同时，需要注意的是人脉管理应当借鉴"二八"原理，投入80%的时间、精力和资源，对待20%的核心人脉资源，但也要避免掉入求名逐利的极端功利主义陷阱，毕竟优质的人脉资源是"喻于义"而非"喻于利"的。

2. 资金资源的获取

对于资金资源的获取，一般可通过以下六种途径：

（1）依靠自有资源。

创业者及其团队成员可以依靠自身的体力、智力或环境优势赚钱。比如：可以结合知识、技术、特长、经验或兴趣等形成智力创业，或对家庭背景、生存环境、人文历史、地理条件等资源进行挖掘，开辟诸如风俗民情、母校资源、气候土壤等方面的创业。

（2）政府扶持资金。

创业者可以利用政府扶持政策，从政府方面获得资金支持。随着"大众创业、万众创新"的深入，政府对创业的支持力度不断加大，由政府提供的各类扶持资金项目也在不断增加。"小额贷款""创业基金""融资担保"等，都为创业者提供了资金支持。

（3）天使投资。

天使投资是权益资本投资的一种形式，指个人出资协助具有专门技术或独特概念的原创项目或小型初创企业，进行一次性前期投资。创业者及其团队需要准备充分的创业计划来获得天使投资人的青睐。由于近年来资本市场的活跃，天使投资基金比比皆是，大学生创业者可以在市场上寻觅天使投资人，也可以通过参加学校组织的各类创业竞赛吸引天使投资人的关注。

（4）风险投资。

从投资行为角度来讲，风险投资就是把资本投向蕴藏着失败风险的高新技术及其产品的研究开发领域，旨在促进高新技术成果尽快商品化、产业化，以取得高资本收益的一种投资过程。从运作方式来看，它是指由专业化人才管理下的投资中介向特别具有潜能的高新技术企业投入风险资本的过程，也是协调风险投资家、技术专家、投资者的关系，利益共享、风险共担的一种投资方式。

（5）知识产权融资。

知识产权融资包括质押贷款、知产引资、技术入股、融资租赁等。其中，质押贷款主要是指企业或个人以合法拥有的专利权、商标权、著作权中的财产权，经评估后作为质押物向银行申请融资；知产引资是企业通过知识产权吸引合作第三方投资，通过出让股权换取第三方资金，共同获利；技术入股是拥有专利技术或专有技术的企业或个人通过知识产权价值评估后，与拥有资金的第三方机构合作成立新公司，或以直接转让知识产权的方式，获得股权；融资租赁是承租方可在租赁期间获得除知识产权的所有权外的全部权利，再在承租期满时根据合同约定，确定知识产权归属的融资方式。

（6）借贷。

借贷指个人或企业根据国家规定向银行以一定利率申请获得资金。人们也可以依靠亲朋好友筹集资金，形成债权债务关系。

3. 信息资源的获取

获取市场信息的主要途径有：

（1）来自政府或行业协会发布的行业信息，包括同行创业者或同行企业、专业信息机构等的权威信息。

（2）人们通过图书馆、大学研究机构、新闻媒体、会议及互联网等渠道获取相关信息。

对于这些信息的获得，创业者可以根据自己的实际情况与各种方式的特点，选择一种或多种方式，尽可能获取所需要的有效的信息。

4. 其他主要资源的获取

（1）技术资源的获取。

获取起步项目所依赖技术的途径有：吸引技术持有者加入团队，购买他人的成熟技术、前景型技术，自己研发。创业者应随时关注各高校实验室、老师或者学生的研发成果，定期去国家专利局网站查阅各种专利申请，养成及时关注科技信息、浏览各种科技报道的习惯，留意科技成果是否为我所用，从中发现商机。

（2）政策资源的获取。

与获取市场信息的途径类似，获取政策资源的途径也主要来自政府机构、行业协会等发布的信息，以及来自互联网的媒体报道等。

（二）大学生创业资源获取技巧

创业资源获取过程中，创业者采用适当的技能可使资源获取事半功倍。获取创业资源最主要的原则是盘活、用好、用足企业的现有资源，四两拨千斤，以有限的资源撬动尽可能多的外部资源。具体来说：

1. 用好已有资源

创业者原本拥有的资源内容和数量对其如何获取更多资源有相当大的影响。首先，创业者已有资源会影响资源诉求的对象。比如新创企业的创始人是拥有专利的大学生，它们对资源的诉求就更倾向于财物资源。其次，创业者的已有资源会影响其资源获取方式的选择。比如创业者有比较好的社会资本，更容易想到依赖现有的社会资本获得客户订单。最后，创业者已有资源决定了创业者采取何种方式获取资源。比如新创企业初期，创业者可以在已有创业资源和产业制度资源基础上构建自身的创业故事，再阐释给外部资源提供者，以加强新企业的被认可度和合法性，从而获得后续所需的资源。

2. 合作换取资源

新创企业资源紧缺，但可通过广泛合作，获得实实在在的资源。例如：人们通过连锁加盟，降低经营风险，直接获得品牌与客户资源；人们通过共同开发，分摊开发成本，降低开发风险，获得技术资源，更快、更稳妥地促进发展。

3. 善用学校资源

一是参加创新创业课程、辅导班或各类社团活动。高校都设有创业课程、创业协会、科技发明协会，以及聚焦创业的学生社团、沙龙、论坛和讲座等，学生可以与志同道合的朋友交谈，或向成功企业家请教。有的大学还组织高校老师和企业、科研单位、政府职能部门的有关人士成立创业导师团，为学生答疑解惑，向学生提供决策咨询和参考等，甚至发掘有潜力的创业项目进行跟踪辅导。

二是争取大学生创业基金。为鼓励创业，各地均设立了大学生创业基金，鼓励大学生参与创业计划、科技创新项目、专项计划等，大学生可通过参与此类活动争取创业启动基金。同时，有些高校还设有天使投资基金和风险投资基金，为有潜力的创业项目提供技术、管理等方面指导。

三是拜访优秀人士。向他人学习是最为快捷的方式。大学生要主动大胆地向优秀人士请教，要善于寻找好的顾问，如老师、校友，另外还有学校邀请进行讲学和担任创业导师的律师、会计师及其他专业人士等，参与大学生创业公司活动，甚至邀请他们加入大学生创业团队。

> **创业故事 4-4**
>
> ### 张向宁的资源获取经验
>
> 天下互联网科技集团董事长张向宁认为，最理想的天使投资人和创业者的配合，是 98% 和 2% 的关系。张向宁经历了万网、天下互联的两次创业，因此，对创业者的艰辛有着更深刻的理解。从一个创业者的角度来看，他认为，摆在创业者"缺乏名单"上第一位的不是资金，而是有创业经历的前辈的支持，这包括经验、精神、关系，而其他的财力、物力的支持会伴随而来。创业者寻求天使投资的支持，往往是因为缺乏资源，而最为典型的情况是缺乏行业的资源。
>
> 张朝阳在创立搜狐的时候，寻求了其导师、《数字化生存》作者尼葛洛庞帝的天使投资。这笔投资的意义，远远超过了资金范畴，它意味着对创业者的认可，对创业方向的指导，和更多信誉、关系的支持。因此，这使得公司的无形资产能够迅速扩充。
>
> 思考：
>
> 大学生如何获取资源？

三、影响创业资源获取的因素

获取创业资源是创业的关键活动。影响创业资源获取的因素很多，但主要可以分为外部影响因素和内部影响因素两种。

（一）外部影响因素

外部影响因素包括社会环境、行业环境等。

1. 社会环境

社会环境包括政策因素、经济因素、社会因素、技术因素等。各种因素对于创业企业获取资源可从各个角度产生正面或负面的影响。如：政策因素可以影响新创企业是否有获取政策支持的机会；经济因素可以影响新创企业获取人力资源、实物资源、社会资源的机会，决定成本与获利空间；社会因素可以影响新创企业获取人力资源、社会资源等的途径及其对这些资源的利用方式；技术因素可以影响新创企业获取技术资源、信息资源等的途径及其对这些资源的利用方式。

2. 行业环境

新创企业要在具体的行业内生存，必然受到行业环境的影响。行业环境因素主要有竞争者因素、供应商因素、渠道商因素、潜在进入者因素、替代品因素等。这些因素对于创业企业获取资源可产生直接或间接的影响。如：竞争者因素、替代品因素可影响企业获得社会资源中客户资源的难易程度；供应商因素可通过是否赊账决定企业获得资金资源的难易程度；渠道商因素可通过是否与企业配合决定企业接近客户资源和信息资源的难易程度；潜在进入者因素可通过设置进入壁垒决定企业获得资源的种类和途径等。

（二）内部影响因素

内部影响因素主要包括创业计划、组织与领导等。

1. 创业计划

创业计划包含创业企业的远景目标、发展规划、具体战略和市场分析等，对新创企业采取何种方式和途径获取创业资源有着深远的影响和作用，决定了企业获取资源的长远方向。创业计划决定了新创企业的业务方向，也决定了企业获取资源的范围，以及优先级别、获取资源的目的和步骤。同时，创业计划还决定了初创企业根据内、外部环境选择资源配置的方向与速度，包括获取哪些资源，以及如何利用，获取资源的步伐是加快还是减慢，抑或收缩、转移等。

2. 组织与领导

组织与领导是指创始人采取何种管理模式构建一整套关于内部人力资源分工、协调、控制的显性和隐性制度、流程。组织与领导决定了获取资源的效率和效益。在企业创办初期，创始人往往是制度的设计者，组织内部结构也较为简单，随着初创企业的发展，制度管理则更为重要，要选择有效的领导与组织方式，产生"1+1>2"的叠加效应，促进形成资源有机体，避免因为制度不完善而产生企业管理内耗、资源浪费与使用效率低下等问题。

第三节 创业资源整合

资源整合是系统论的思维方式，就是通过组织和协调，把企业内部彼此相关但彼此分离的职能，把企业外部既拥有共同的使命又拥有独立经济利益的合作伙伴整合成一个为客户服务的系统。企业通过优化资源配置，做到有进有退、有取有舍，获得最优的整体。创业资源整合，就是要以系统的、开放的思维方式和组织模式，将不同资源汇聚在同一平台或项目加以有效使用，促进创业资源的优化配置，达到"1+1>2"的效果。具体如图4-2所示。

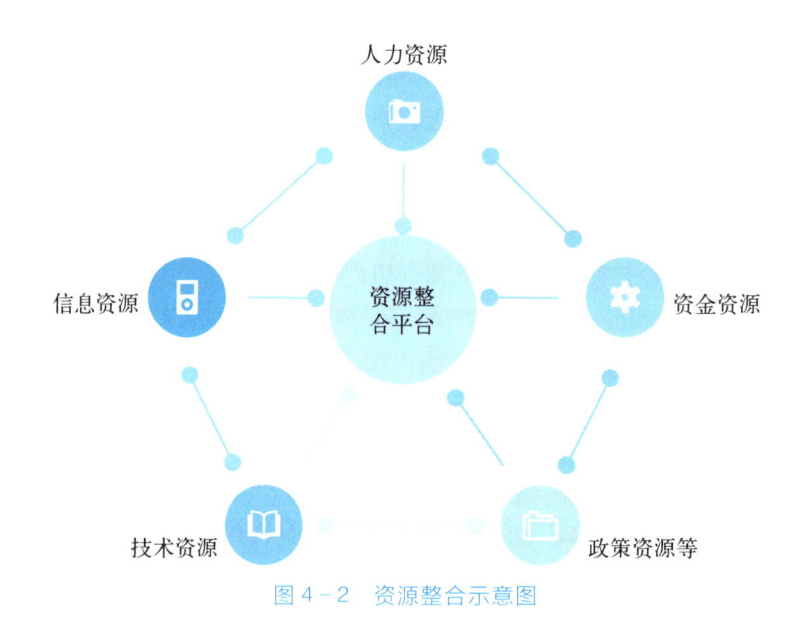

图4-2 资源整合示意图

资源整合能力的强弱，不但是衡量创业者、企业家能力的主要指标，更直接关系初创企业的成长发展。因此，创业资源的优化配置是创业者实现创业必须解决的问题，需要创业者善于分辨真伪，掌握正确的资源整合方式和手段。

一、创业资源整合的途径

创业者在开始创业时期面临的重要问题就是资源不足。一方面，企业的创新和成长必然消耗大量的资源；另一方面，初创企业自身还很弱小，无法实现资源自我积累和增值。因此只有识别机会，从外部获取充足的创业资源，才能实现企业的快速成长。为有效、持久地保证创业机会获取所需要的资源，需要建立一套整合资源的机制。这种机制的关键就是以利益相关者为核心的资源杠杆机制。

对创业资源的整合可以参考以下原则和方法：

（一）善用资源整合技巧

整合已有的资源，快速应对新情况，是创业的利器之一。好的创业者善于用发现的眼光，洞悉身边各种资源的属性，将它们创造性地整合起来。这种整合很多时候甚至不是事先仔细计划好的，而往往是对具体情况进行具体分析、"摸着石头过河"的产物。这也正体现了创业的不确定性，并考验创业者的资源整合能力。

创业总是和创新、创造及财富联系在一起。一位创业者结合自身创业经历提出了这样的观点：缺少资金、设备、雇员等资源，实际上是一个巨大的优势；因为这会迫使创业者把有限的资源集中用于销售，以便为企业带来收益（利润）。为确保企业持续发展，创业者在每个阶段都要考虑如何用有限的资源获得更多的价值。在创业资源占有不足的情况下，创业者应采用以下技巧整合资源。

1. 学会拼凑

很多创业者都是拼凑高手，通过加入一些新元素，与已有的元素进行重新组合，形成在资源利用方面的创新行为，进而会产生意想不到的惊喜。创业者通常利用身边能筹集到的一切资源进行创业活动，有些资源对他人来说也许是无用的，但创业者可以通过自己的独有经验和技巧，加以整合创造。例如，很多高新技术企业的创业者并不是专业科班出身，可能是出于兴趣或其他原因，对某个领域的技术略知一二，却凭借这个略知的"一二"敏锐地发现了机会，并迅速实现了相关资源的整合。近年来，整合闲置资源创业成功的事例层出不穷，在闲置资源整合中，创业者既不是资源所有者，也非使用者，而是搭建资源整合平台，通过"借"他人的资源来实现获利。

> **创业故事 4-5**
>
> ### 闲置资源整合创业
>
> O2O 模式中有一批整合闲置资源为代表的典型案例，如 Airbnb（整合私人居所闲置住宿时间）。
>
> 闲置资源大致可以分为三大类：闲置资产（汽车、住房、设备等）、闲置技能（不作为主业的特长、技能）、闲置时间（非正常营业时间）。闲置资产，就是把个人或服务商短期不用的资产有偿提供给有需要的人或组织。这个"资产"包括资金（如投资、理财）、不动产（住宅、厂房等）及硬件设备（车辆、器械、工具）等。这样的闲置资产引入 O2O 模式中，就出现了如众筹、P2P、短租及私家车载客服务等业务。闲置技能，就是个人将自己的特长、技能在不耽误主业或不影响正常工作的前提下，有偿提供给有需求的个人或组织。比如东华理工大学校友创办的微信学车就是闲置技能引入 O2O 平台的模式。闲置时间，通常一个人会因为工作或生活原因，其个人时间被分割成若干块，有些时间是纯粹的损耗。基于这些纯损耗时间，可以挖掘一些供用户发挥价值或供用户打发无聊时间的业务点，比如微信的跑腿代购、代驾服务等。
>
> 思考：
>
> 资源整合对创业的意义是什么？

2. 步步为营

步步为营策略提倡创业者分多个阶段投入资源并在每个阶段投入最有限的资源。步步为营的策略首先表现为节俭，设法降低资源的使用量，降低管理成本。但过分强调降低成本，会影响产品和服务质量，甚至会制约企业发展。比如：为了求生存和发展，有的创业者不注重环境保护，或者盗用别人的知识产权，甚至以次充好。这样的创业活动尽管短期内可能赚取利润，但长期而言，发展潜力有限，甚至涉嫌违法违纪。因此，需要"有原则地保持节俭"。步步为营策略还表现为自力更生，减少对外部资源的依赖，其目的是降低经营风险，减弱外部因素对新创企业的控制。很多时候，步步为营不仅是一种较为经济的方法，也是创业者在资源受限的情况下寻找实现企业理想目标的途径，更是在有限的资源约束下获取满意收益的方法。习惯于步步为营的创业者，会形成一种审慎控制和管理的价值理念，这对创业型企业的成长并向稳健成熟发展期过渡尤其重要。

不考虑步步为营的公司往往会产生经营危机。以快速增长的互联网公司为例，有数据显示74%的处于高速发展的互联网创业公司因扩张过快，过早崩溃。很多公司融到资金后，感觉资金充裕，就开始疯狂烧钱，将资金盲目投入市场营销费用、快速扩大团队规模等方面，造成大量资金浪费在不必要的或者对公司业务根本不起决定性作用的事务上。因此，创业者应当考虑步步为营，确保公司流动资金充足，能够维持创业企业的正常运行，否则一旦资金短缺或融资困难，企业就会面临极大的危机。

（二）发挥资源杠杆效应

资源杠杆效应就是以尽可能少的付出获取尽可能多的收益。资源杠杆效应的发挥是创造力产生的过程，要求创业者具有在沙子里找到金子的功夫，识别一种没有被完全利用的资源。其主要体现在：更加持续地使用资源；更加充分地利用别人没有意识到的资源；利用他人或别的企业的资源完成自己的创业目的；用一种资源补充另一种资源，产生更好的复合价值，以及利用一种资源获得其他资源；等等。

对创业者来说，容易产生杠杆效应的资源主要包括人力资源等非物质资源。创业者的人力资源由创业者及其团队成员的受教育背景、以往的工作经验、个性品质特征、产业人力资本、创业人力资本共同构成。其中，产业人力资本是指与特定产业相关的知识、技能和经验；创业人力资本是指先前的创业经验或背景等。调查显示，产业人力资本和创业人力资本会直接作用于资源获取，有产业相关经验和创业经验的创业者能够更快地整合资源，更快地实施市场交易行为。除此之外的其他人力资源可以提供给创业者知识、技能、资格认证、名誉等资源，也提供了校友、老师，以及其他附带的社会资本。这些经由人力资本间接获得的社会资本，是一种根植于社会关系网络的优势。在个体分析层面，社会资本是来自并浮现于个体关系网络中的真实或潜在的资源总和，它有助于个体开展目的性行动，并为个体带来行为优势。相比之下，社会交往频繁的创业者所获取的相关商业信息会更加丰裕，有助于提升创业者对特定商业活动的深入认识和理解，使创业者更容易识别出常规商业活动中难以被其他人发现的顾客需求，进而更容易获得各类创业资源。

因此，创业者要注重发挥资源的杠杆效应，熟悉各种创业资源间的关系，积累从业经验，拓宽社会网络，以人力资源的有效使用提高创业资源获取的成功率，减少创业风险。

（三）设置合理利益机制

资源通常与利益相关，创业者之所以能够从家庭成员那里获得支持，就是因为家庭成员之间是利益相关者，更是利益整体。既然资源与利益相关，创业者在整合资源时，就一定要设计好有助于资源整合的利益机制，借助利益机制，可以整合潜在的和非直接的资源提供者，借力发展。因此，整合资源需要关注有利益关系的组织或个人，要尽可能多地找到利益相关者。同时，创业者要弄清楚这些组织或个体，与自己及自己想做的事情是否有利益关系，利益关系越强、越直接，整合到资源的可能性就越大，这是资源整合的基本前提。

利益相关者之间的利益关系有时是直接的，有时是间接的；有时是显性的，有时是隐性的；有时甚至还需要在没有的情况下创造出来。另外，有利益关系也并不意味着能够实现资源整合，还需要找到或发现共同的利益，或者说利益共同点。为此，识别利益相关者后，应逐一认真分析每一个利益相关者所关注的利益。多数情况下，把相对孱弱的利益关系变得强大，更有利于资源整合。

然而，有了共同的利益，并不意味着就可以顺利实现资源整合。资源整合是多方面的合作，需要寻找和设计出多方共赢机制加以保障，以确保合作各方有实际收益。对于在长期合作中获益、彼此建立起信任关系的合作，双赢和共赢机制已经形成，进一步的合作并不是很难。但对于首次合作，建立共赢机制尤其需要智慧，要让对方看到潜在的收益，为了获取收益而愿意投入资源。因此，创业者在设计共赢机制时，既要帮助对方扩大收益，也要帮助对方降低风险，降低风险本身也是扩大收益。在此基础上，创业者还需要考虑如何建立稳定的信任关系，并加以维护管理。

> **创业故事 4-6**
>
> **现代奥运会中几乎没有输家**
>
> "现代奥运会就是一种高级阶段的整合,它将奥运精神和体育竞技以'1+1=11'的共赢模式来实现。奥林匹克运动包含 4 场公平竞争的比赛,即运动员、媒体、举办城市和赞助商,任何一场比赛的参与者都能享受另外 3 场比赛为其带来的巨大收益。因此,在奥林匹克模式中几乎没有输家,所有坚持完成比赛的参与者都是赢家。"
>
> 奥运会的所有参与者的定位虽然不同,但是方向是一致的。只要彼此将手中拥有的资源共享出来,就可以获得别人手中的你想要的资源。因此,"方向相同,定位不同的两个'1'相加,可以获得更佳的结果,即'11',最终实现合作伙伴各自利益的满足,并获得共同成长的机会"。资源整合的高级阶段就是实现"1+1=11"。
>
> 思考:
>
> 利益机制如何影响创业活动中各方的关系?

二、创业资源的开发和利用

创业资源非常有限,如何更好地整合和使用有限的创业资源,并实现资源的有效配置和利用,创业者需要充分发挥自己的聪明才智,以获得最多的价值。如何创造性地开发和利用创业资源,还应因地制宜、随机应变,并遵循一定的规律。

(一)创业资源的开发

1. 发挥人力资源开发的纽带作用

在众多创业资源中,最为重要的是人力资源,人力资源作用发挥的程度好坏可以决定其他资源使用的效果,从而影响创业活动的开展。因此,创业者在创业初期可以重点关注对人力资源的开发。人力资源开发可以秉持"化人力为财力、化财力为人力"的原则,形成人力资源与资金资源等物质资源的转换。

(1)化人力为财力,是指要善用创业者本身这一资源,充分挖掘创业者自身的潜力，通过创业者的智力和体力劳动，实现原始积累。这一过程中，创业者的体力劳动不是决定因素，智力（包括智慧和情商）才更为重要。通过正确的决策判断和坚强的毅力，创业者的创业活动可以事半功倍；同时，还可以通过人的脑力劳动和体力劳动，将原先劣质的实物资源转变为优质资源，实现价值的倍增。

（2）化财力为人力，是指对人的投资不可吝啬。因为人是最关键因素，其他资源都要靠人力资源的有效使用才能发挥作用。因此，创业者要构建良好的机制来促进人的潜力充分释放，尽可能充分发挥人力资源作用，创造更多的物质财富。

> **创业故事 4-7**
>
> ### 蒙牛的快速发展
>
> 蒙牛集团的创立者牛根生当年创业时，也跟很多人一样，几乎什么都没有，可是蒙牛却跑出了火箭一般的速度：他整合工厂，整合政府农村扶贫工程，整合农村信用社资金。没运输车，他整合个体户投资买车；没宿舍，他整合政府出地，银行出钱，员工分期贷款。这样，农民用信用社贷款买牛，蒙牛用品牌担保农民生产出的牛奶包销，北方地区300万农民在为蒙牛养牛。
>
> 从蒙牛的案例中可以看出：任何企业家都不可能拥有世界上所有的资源，你手中可支配的资源总是有限的。想要实现自己的发展目标，就必须利用自己手中可占用和支配的资源与他人交换自己所需要的资源，同时让对方也能得到他想要的资源。这就是资源整合的一个重要法则。
>
> 思考：
>
> 从蒙牛开发创业资源中，你能收获什么启示？

2. 大力挖掘隐性资源

隐性资源（有时也称为无形资源）包括信息、社会和政策等资源，具有私有性、时效性等特点。这些资源可以转化为现实生产力，促进创业活动的开展。在创业过程中，可以采用以下途径开发：

（1）化无为有。隐性资源是无形的，因此要转化为有形、有序的状态。

例如，开发社会资源中重要的客户资源，明确客户在哪里，需要进行深度调研，获取客户名单，建立联系，进而获得订单，化无形为有形。又如政策资源种类繁多，需要厘清和筛选出对自身发展有用的信息，抓住关键的政策机会，化无序为有序。

（2）化私为公。隐性资源具有私有性，即隐性资源总是与人有联系，为某些私人所拥有。因此，要化私为公。例如，核心技术资料往往掌握在个别创业合伙人手中，需要重视运用合理手段，留住资源，化私为公。

（3）化分为秒。隐性资源有时还具有时效性，资源一旦被他人获取开发，或许就对自己再无开发价值，因此，要注意争分夺秒地及时开发。

（二）创业资源的创造性利用

创业者的创业资源十分有限，创业者需要创造性地利用好有限的资源，并进行有效、合理的配置使用，来获取更多的收益。如何创造性地利用创业资源，主要思路如下：

1. 借鸡生蛋

创业者往往除了有自身能力和资源，可以说是一无所有，但创业者可通过各种方式方法从他人那里获得资源，从而解决企业创办过程中亟待解决的一些资源难题。例如，有些年轻创业者在家里的车库（场地资源）中开始创业。我国创业政策提供了很多免费的场地支持，创业者可以通过政策资源获取；又如货品资源问题，创业者如果能够与上游供应商取得较好的合作关系，就可以先进货、销售后再付款的方式，先无偿、无风险地获得货品资源。

2. 东拼西凑

创业企业初创阶段所需资源可以从各个渠道筹集，尽管每个渠道可能获取的资源不多，但是积少成多也可积累到可观的创业资源。尽管东拼西凑获得的创业资源质量不一定好，但只要不是核心资源，不影响使用，也能够在创业初期解决一定的难题。

3. 以小博大

创业者资源很有限，还需要想方设法达到以小博大的效果。少花钱多办事，是创业者应该追求的理想境界，要设法用少量的资源，撬动大量的外部资源，为企业创造倍数级的放大效果。例如，初创企业在没有充实资金进行广告宣传时，可以合法合理地利用新闻事件传播，以小投入获得大回报。创业企业通过融资租赁设备或按次购买服务，可以花很少的钱无风险地撬动本来很贵的资源。

4. 合纵连横

创业者创造性使用资源的最高境界是合纵连横，串联各种资源构建一张战略协作生态共生的大环境。各种资源拥有者风险共担、利益共享，各自投入自己所拥有的资源，企业无须承担使用这些资源的成本，但可控制这些资源并使用。较为理想的是复制成功的模式，把企业作为一个平台，提供给创业者乃至客户作为实现价值的舞台，创业者与客户共同建设平台，共同获益。

创业故事 4-8

探索鞋业资源整合新模式

办一个鞋厂需要人才团队、订单、资金、场地设备、原材料这五大基本资源。如果这五大资源都没有，人们如何去创办一个鞋厂呢？

来自湖北的张家维给出的答案是：用了一年半时间，在创新思路的指引下，以低成本整合以上五大资源。张家维目前拥有1家总公司、4个工厂、1个办事处、2个外贸接单中心。他是怎么做到的呢？他说，干一件事情，不是看你有什么，而是看你想什么。张家维坦言，在只有思路，其他什么都缺的情况下，要整合好各种资源并不容易，常常碰壁。看到一些鞋厂面临困境处于停工状态时，张家维就跟对方谈，让对方使工厂以一种新的合作方式让他生产，他以后每销售1双鞋子向工厂业主支付1元钱，并向工厂支付一定的保证金，但不承担工厂业主的任何债务。张家维说，这种新的合作方式，不少鞋企老板并不认可，他们觉得直接拿一笔租金更省事，但这种风险共担、收益共享的新的合作模式也得到一些老板的认可。

在所有的生产要素中，核心的资源是优质订单。当工厂有合作意向后，重要的是要拿到订单。张家维提出了以股权换订单的思路，让出一家工厂20%~30%的股份给拥有订单资源的出口贸易商，以此换取更多的国外订单资源。他的这个合作思路获得了一些出口贸易商的支持。

在管理方面，张家维很好地运用了股权激励的方式，出让一部分的工厂股份吸引一批优秀的职业经理人，由两三人组合成为微型的管理团队，扁平化管理各个工厂的日常生产和运作，降低了工厂的管理成本。

在资金方面，张家维也是以股权投资的方式获得一些投资商的支持，为公司起步发展解了燃眉之急。通过这种资源整合的方式，张家维启动一家工厂的资金不到200万元，他说这远远低于正常运作一家工厂所需的资金量。

思考：

你认为以上的资源整合模式可以复制吗？

思考题

1. 如果你要创业，试分析一下有什么可利用的创业资源。
2. 要成功实现创业，你将如何获取自己的创业资源？
3. 对已经获取的创业资源，你打算如何整合和有效利用？

第五章　创业计划书

【学习目标】

1. 了解创业计划书的作用。
2. 熟悉创业计划书的基本结构与撰写技巧。
3. 掌握创业计划书的撰写步骤与内容要点。

> **案例导入**
>
> 江西红色文化创意产品有限责任公司在创业大赛中获奖
>
> 　　第八届"挑战杯"全国大学生创业大赛中,东华理工大学黄德娟老师带领的小平科技创新团队,撰写了江西红色文化创意产品有限责任公司的创业计划书,积极备战、路演,一路过关斩将,最终获得当年"挑战杯"大学生创业大赛铜奖。事实上,该创新创业团队一直从事红色文化创意产品的研发。由于之前没有按要求撰写创业计划书,又很少参加创新创业比赛,导致无法取得优秀的成果。这表明创业计划书在学生创新创业学习成长的过程中至关重要。
>
> 　　江西红色文化创意产品有限责任公司属文化创意产业,主要从事对红色文化经典的整理、汇集,旨在弘扬"艰苦奋斗、不屈不挠、英勇顽强、公而忘私、顾全大局、团结奋斗、自强不息"的革命精神,将红色文化具体展现给消费者。红色精神是中国共产党革命精神的象征,是激发中国共产党人对理想和信念执着追求的力量之源,也是中国共产党得到人民拥护的重要原因。该公司利用科学的管理制度、优秀的管理团队、先进的经营理念、独特的创意,坚持善于实践、勇于创新、艰苦奋斗的态度,逐步壮大,成为传播红色文化、弘扬革命精神的典范。为实现客户价值最大化,公司采取传统创意经济盈利模式和新型创意经济盈利模式相结合的方式来开展业务,以丰富的红色文化资源为创意背景,将红

色文化创意附加于实体，实现盈利。同时，借助网络平台，集思广益，为顾客提供红色文化创意服务等。

思考：

如何制作创业计划书？

第一节　创业计划书概述

创业之前，创业者必须学习如何"推销"自己的经营思路，因此首先要学会撰写一份专业的、完整的创业计划书，以说服团队和投资人。

当创业者确定了创业项目以后，就需要进一步对项目进行更深的细化和分解，并通过一系列调研和论证，制定出一份具有可操作性的行动指南。可以说，创业计划书是对创业者整个经营设想的总结和概括，是创业者对企业发展的总体规划，是企业融资必须具备的基本工具。

一、创业计划书的含义

创业计划书也称商业计划书，是指创业者在企业创建准备阶段，为论证企业设立与运营的可行性而进行的文字性描述，是用于详细阐述创建新企业诸要素的书面文件。它是创业者对公司的"画像"，包括公司业务、财务状况、市场分析、管理团队、具有市场前景的产品或服务、收益情况等方面的内容。投资机构依据创业者所提供的创业计划书进行研读和评判，以便于他们对企业或项目做出评判，决定是否跟随创业者进入后续环节。因此，创业计划书是创业者叩响投资者大门的"敲门砖"，创业计划书编写得好坏，一定程度上决定了公司融资的成败。

延伸阅读 5-1

大学生创业计划书大赛的起源

最初的创业计划书竞赛起源于美国高校。在 1983 年，美国得克萨斯州大学奥斯汀分校的两位 MBA 学生，参照模拟法庭的形式，举办了一次创业计划书竞赛，目的是演练企业策划的过程。他们历经千辛万苦，成功举办了世界上第一次创业计划书竞赛，也因此得到了风险投资家的关注。从此，越来越多的创业基金、风险投资基金、律师事务所、会计师事务所和投资咨询公司也都参与到这类活动中来。

二、创业计划书的作用

一份优秀的创业计划书直接影响创业者能否找到合作伙伴、获得资金资助及其他政策的支持。创业计划书是创业的行动导向和路线图，可以为创业者行动提供指导和规划，帮助创业者厘清企业的发展思路，也可以为创业者与外界沟通提供基本依据。因此，在具体的创业实践中，创业者一定要重视创业计划书的价值与作用。

（一）指导创业行动

撰写创业计划书是一个长期的思考过程，在这一过程中，创业者可以清楚地看到企业的经营计划，如何实现这一计划，什么才是未来事业成功的最重要因素等。同时，创业者还需要根据企业的实际情况对创业计划进行不断地调整和完善，向着有利于企业的目标良性发展。总之，对创业者来说，创业计划书就是创业行动的总纲领和总路线。

（二）提供创业信息

一份制作规范、专业的创业计划书就等于创业者的第一份创业名片，包含了投资者所需要的创业企业的现实业绩和发展远景、市场竞争力和优势、企业资金需求现状与偿还能力、创业者及其团队的能力和阵容等信息。它告诉投资者这不仅是一个浓缩的商业计划，同时也将成就一个未来有信誉、有实力的企业，创业者在创业初期获得的信任就从这里开始。它是投资者衡量创业企业实力和潜力的依据，是投资者决定是否对创业企业进行投资的重要参考。创业计划书有助于解决企业的生存及发展过程中所面临的资金等一系列问题。

（三）增强创业动力

创业计划书是创业者对理想的现实阐述，是理想与现实的连接桥梁。创业企业的预期目标、发展战略、团队管理等内容都是创业者理想的具体图景，是创业团队奋斗的动力。明确的创业计划有助于统一目标和路线，帮助创业团队全体成员在行动上步调一致，做到有的放矢。一份优秀的创业计划书不仅是合作者的"兴奋剂"，可以使创业者和合作者紧密团结在一起，同甘共苦，拼搏未来；同时还是亲缘纽带的"黏合剂"，可以让创业者赢得亲友的信任和支持，坚定创业者在艰辛创业道路上的信心和勇气。

（四）引领创业实践

创业计划书规划了创业项目的全过程和企业的发展，包含决策依据、产品开发、投资回收、实现路径、存在问题及问题的解决途径、财务分析和预测、风险预测和对策、加盟和退出条件等一系列内容说明，因此企业的创立与成长需要由创业计划书引领。创业计划书是企业经营活动的有力依据和有效支撑，对创业行动具有较强的指导意义。

创业故事 5-1

雅虎在创业计划书大赛中获得风险基金

家喻户晓的雅虎公司就是在创业计划书竞赛中脱颖而出，因此获得了 400 万美元的风险投资而成功起步。

雅虎创办人杨致远，于 1994 年与斯坦福大学一名研究生大卫·费罗合作创建雅虎。1996 年雅虎在纽约股票市场上市，每股股价由 13 美元飙升到 33 美元，杨致远个人身价高达 1.32 亿美元。杨致远说："人人都说美国机会多，没想到机会就降临得这么偶然。"正是风险投资帮助他抓住了这个创业机会。

原来，杨致远在 1995 年上半年便与风险投资公司接触，希望企业能得到更理想的发展。他清楚硅谷是一个风险投资的乐园，在那里平均每天就有一家公司上市，因此当微软、美国在线（AOL）等想收购雅虎时都遭到拒绝。结果，他终于得到风险投资基金的支持，而公司也得以成功上市。

思考：

如何看待创业计划书的作用？

第二节 创业计划书的基本结构与撰写技巧

创业计划书的撰写与创业本身一样是一个较为复杂的系统工程，创业者不仅要对行业、市场进行充分的调研，而且还要有扎实的文字功底。创业计划书要符合规定的撰写规范和格式。

一、创业计划书的基本结构

创业计划书一般包括封面、保密要求、目录、摘要、正文、附录等部分。

（一）封面

封面也称标题页，可以设计放置企业的项目名称、产品彩图或企业标识，但应留出足够的版面排列以下内容：创业计划书编号、标题、公司或企业名称、项目名称、项目单位、地址、电话、传真、电子邮件、联系人、公司主页、日期等。其中，标题一般以醒目的字体在封面标示出来，以便明确表达创业项目的名称和创业企业的经营范围。

（二）保密要求

保密要求可以放在封面，也可放在封面后一页，主要是要求投资方项目经理妥善保管创业计划书，表示未经创业企业同意，不得向第三方公开创业计划书涉及的商业秘密。

（三）目录

目录是正文的索引，要按照章节顺序逐一排列各章大标题和每节小标题，应标明各章节对应的页码，同时注意确认目录页码与各章节内容的一致性。

（四）摘要

摘要是对企业的基本情况、竞争能力、市场地位、营销和财务战略、管理策略，以及创业项目的投资前景及风险预测等方面简明而生动的综合概括，是创业计划书的引文，应从正文中摘录出投资者最关心的问题，通常在计划书的主体内容撰写完成后编写。其目的在于用最精练的语言将创业计划书的核心、要点、特色展现出来，以吸引投资者有兴趣仔细阅读全部文本，因而文字一定要简练，篇幅一般控制在两页纸内。摘要是整个计划书的精华和亮点，也是整个计划书的灵魂，是投资者首先看的内容，因而必须能抓住投资者的兴趣并促使投资者渴望得到更多的信息，给投资人留下长久而深刻的印象。

延伸阅读 5-2

撰写摘要需要回答的关键问题示例

摘要在创业计划书中有着重要地位，撰写时一定要简明生动、精练贴切，能让投资者从中发现闪光点，切忌面面俱到。摘要内容一般要回答以下三部分关键问题：

第一部分

你的创意由来和存在的理由是什么？

你有什么创新的理念？

你能准确客观地描述你的目标市场吗？你了解它们吗？

你能给你的目标客户带来什么价值？他们为什么会接受？

你预计市场占有份额和增长率是多少？

你最大的竞争者是谁？你如何处理？

你需要多少投资？

第二部分

你预计需要多少资金？如何安排资金？

销售额、成本及利润情况将会怎样？

你采用何种分销渠道？

你的核心竞争力是什么？

达到盈亏平衡点大概是什么时间？

你有专利吗？如何保护它？

第三部分

你的团队能胜任吗？为什么？

团队如何分工和管理？

你有行动时间安排表吗？列举行动计划。

为什么你是创业带头人？你能胜任吗？

(五) 正文

正文是创业计划书的主体部分，是对摘要的具体展开，一般采取章节式、标题式的方式逐一描述，以便让读者一目了然。主题部分的主要内容一般应包括企业介绍、市场分析、产品或服务介绍、管理团队及组织结构、前景预测、营销策略描述、生产计划展示、财务规划和竞争与风险分析等。所表达的内容既要有丰富的数据资料，使人信服，又要突出重点，实事求是。

正文最后还应包括结论部分。结论是整个创业计划书内容的总结式概括，要与摘要首尾呼应，以体现文本结构和内容的完整性。

(六) 附录

附录是受正文篇幅限制，不宜在主体部分过多描述的，不能在一个层面详细展示的，或需要对正文中涉及的相关数据、资料进行补充的内容，一般放在附录部分，以供备查和参考。

创业计划书的附录一般包括以下内容：企业营业执照、审计报告、相关数据统计、财务报表、新产品鉴定证书、商业信函、合同、相关专利证书、荣誉证书等。

二、创业计划书的撰写技巧

好的创业计划书必须呈现竞争优势和投资者的利益，同时也要具体可行。因此，在撰写创业计划书时必须熟悉一定的技巧。

(一) 目的要明确

创业计划书用途不同、读者不同，其内容和写法也应有所区别。创业者应该根据不同的目的和读者，撰写不同风格的创业计划书，根据需要确定内容的详略等。因此，创业计划书就没有所谓的通用"模板"，任何"模板"都仅仅是参考，创业者不能受"模板"的约束，而要根据实际情况灵活变通。如以项目融资为目的而撰写的创业计划书，要呈现出具体的竞争优势，显示出经营者创造利润的强烈愿望，明确指出投资者预期的报酬等，但同时也应说明可能遇到的风险或威胁，以便为投资人或贷款人提供决策依据，借以融资。创业计划书不能只强调优势和机遇而忽略不足与风险。

（二）要素要齐全

创业计划书虽然目的不同，内容可详可略，但通常情况下，一定要确保创业计划书内容的全面性，即一些关键要素要齐全。这样，才能使读者感觉创业计划书的内容是完整的，从而也能感受到创业者的诚意。否则，内容不全、关键要素缺乏，会给人留下一种不完整、不真实的印象，从而认为创业者准备不足、没有诚意、经验不够、态度不端等，创业计划书也就发挥不出应有的作用。如果缺乏明确的市场需求分析、调查方法与事实证据，没有显示对市场现状的把握和未来发展的预测等，创业者所编写的创业计划书将是空泛的、无意义的。

（三）内容要"新"而"实"

创新是创业的本质要求，"新"就是要有创新性、独特性。创业计划书一定要把创业者新颖的、独特的亮点作为重点展现出来，让读者能清晰地了解到你的与众不同之处。如果读者阅读了创业计划书后感觉你创办的企业同其他人的企业并无什么不同，或者说仅仅是模仿他人，他们就会对你的企业失去兴趣和信心。

"实"就是要有实践性、可操作性。创业是真刀真枪的实干，创业计划书是创业者拟定的创业行动蓝图，它必须具有很强的可操作性，要让人阅读后强烈地感觉到项目已经成熟，马上就可以实施，特别是其中的营销计划、组织结构、管理措施、应对风险的方法和策略等，必须具有可行性和可操作性，不要给人留下一种"想当然""空中楼阁"的感觉。同时，创业计划书中的所有内容必须实事求是，即使是财务规划也要尽量客观、实际，并尽量陈列出客观、可供参考的数据与文献资料，切勿凭主观意愿进行估计。

（四）表达要清晰

创业计划书的一个很大的作用是让投资者全面清晰地了解创业者的想法，因此，创业计划书的撰写一定要注意用词准确、逻辑清晰，应避免那些与主题无关的内容，要开门见山、直切主题并清晰明了地把自己的观点表述出来。风险投资者不愿意花过多的时间阅读一些对他来说毫无意义的东西。

文字精练、观点明确，才能引起投资者的注意和兴趣，从而提高融资成功的概率。

（五）形式要讲究

创业计划书虽然内容上讲究"实"而不讲究"美"，但在形式上却要讲究"美"。形式美观具体包括格式正确、标点符号准确、标题突出、页面排版美观大方、装帧漂亮等。整洁美观的创业计划书，既方便阅读，也会给读者以愉悦的享受，能使人感觉到创业者是一个有职业态度和有品位的人，从而使创业计划书发挥更好的效用。

（六）语言要朴实

创业计划书力求用直观朴素的语言把创业者的想法和相关信息准确地传递出去。创业计划书不是文学创作，切忌使用文学性的语言和各种修辞手法，也就是说，创业计划书的风格不应该华而不实。同时，创业计划书中应尽量避免使用技术性很强的专业术语，因为这些术语不是谁都可以看得明白的，过多的专业术语会影响读者阅读的兴趣，让他们觉得太深奥。即使不得已要使用专业术语，也应该在附录中加以解释和说明。

第三节 创业计划书的撰写

专业的创业计划书是寻找投资的必备材料。创业计划书的撰写过程是创业者对企业自身的现状及未来发展战略全面思索的过程，而对创业计划书的反复修改、不断充实和完善的过程更是对企业进行定位和规划的过程。

一、创业计划书撰写前的思考

（一）创业构想

创业构想是创业过程中的重要程序。创业者进行创业构想时首先要注意将自己的构想与过去创业者的构想相比较，看看自己的构想有无特殊之处；其次要考虑自己的构想是否能转化为现实，能成功转化为现实的构想才是好构想，否则任何构想都只是空想。

1. 明确想做什么

一位营销高手曾经说过，如果一个商业构想不能用少于 30 个字的语句表达，这个商业构思可以认为是不成熟的，很难开展实际的经营策划。因此，界定创业构想，要经历阶段性的深思熟虑，只有自己对创业构想有了本质、全面的理解之后，才能准确界定好自己的事业。

2. 明确怎么做

创业者要从所有的资源和自身具备的素质入手，一步一步思考创业能否进行下去，在这个过程中可能会遇到什么问题和困难，如何能够解决这些问题并克服这些困难。

3. 明确关键问题

思考和讨论以下问题：

（1）市场机遇与开发谋略：社会需求面临什么样的空缺或问题？你准备以什么样的产品或服务来解决这个空缺或问题？你的首批顾客在哪里？你将如何开发市场？

（2）产品与服务构想：你的产品或服务如何能够满足顾客的真正需要？

（3）竞争优势：谁将是你的竞争对手？与竞争对手相比，你的产品或服务在使用价值、生产成本、外观设计、技术创新等方面有何长处？

（4）经营团队：你需要组建一个什么样的团队来完成创业？团队成员的素质水平与技能如何互补？

（5）业务相关：你的业务需要多少前期投资？你需要多少时间才能将产品推向市场？你的创意目前开发得如何？

创业者只有在思考清楚以上问题并能够得到较为明确的答案和解释之后，才能够开始撰写创业计划书。

（二）分析可能遇到的问题

创业可能遇到的问题和困难包括资金问题、行业问题、团队问题和管理问题等。

1. 资金问题

资金问题应考虑三个问题：

（1）需要多少资金？

（2）如何获得资金？

（3）资金用于哪些方面？

2. 行业问题

创业成功的经验表明，选择一个前途光明、市场潜力较大或符合社会发展需要的新兴行业，就预示着有较好的市场需求、广阔的发展前景、较大的盈利机会和丰厚的投资回报；反之，将浪费大量的时间、精力和资金等宝贵资源。行业的选择在某种程度上决定了创业能否成功。此时需要把握的原则是：① 挑选有发展前途的行业；② 选择国家政策扶持的行业；③ 选择投资风险较小的行业；④ 选择资金周转较快的行业。

3. 团队问题

现有创业团队是否可以满足当下创业的需要，创业团队成员的素质与技能能否与创业企业的发展相匹配，创业团队成员的价值观、企业经营的理念及成员对利益分配问题的看法等，都应是创业者需要深度思考和研究的主要问题。

创业者在创业初期有必要对创业团队成员关心的若干问题做出清晰的说明。需要强调的是，在进行股权分配时要做出一些预留，目的是给企业发展引进高端人才或管理人才留有空间。另外，创业者需要制定合理的激励制度，激发团队成员的创业热情与战斗力。

4. 管理问题

新创企业所面临的主要管理问题是企业管理制度的确立。创业初期面临的问题还包括市场竞争激烈、资金短缺、用工成本高、经验能力有限、找不到合适的项目、市场进入门槛较高、政策变动影响大、创业信息服务渠道不畅通、找不到合适的经营场所、员工流动频繁等。创业者明确了管理存在的诸多问题后，应找出处理问题的对应策略，确保创业初期出现的问题能得到及时的解决。

二、创业计划书撰写的准备工作

（一）组织创业计划书编写人员

创业计划书的撰写一般应该由创业者自己完成。创业计划书是创业者能力和构思的具体体现，亲自编写创业计划书可以帮助创业者厘清思路，把创业的激情融入计划书之中,有利于增添计划的感染力。但是,创业计划书的编写非常复杂,是各方面知识(如市场营销知识、企业管理知识、财务规划知识、人力资源知识、调查与预测知识等)综合的结晶,任何一个创业者都不可能是各方面的专家,因此为了确保编写的创业计划书更加符合现实,更具有可操作性,在编写过程中,创业者应该向其他相关人员咨询。

(二)确定创业计划书的构思角度

在编写创业计划书时,创业者必须从不同角度进行广泛而深入的思考,以确定创业计划书的范围。

1. 创业者的角度

创业者自身比任何人都了解创业企业的创造力和技术,因此,创业者首先必须清晰地表达出创业企业经营的产品或服务,以及其特色和卖点。

2. 市场的角度

创业者必须以消费者的眼光来审视企业的经营运作,应该采取以消费者为导向的市场营销策略。因此,创业者需要进行大量的市场调查工作,甚至有时还得亲自请教市场营销专家。

3. 投资者的角度

创业者应该试图用投资者的眼光来考察企业的生产经营,投资者往往特别关注创业计划书中的财务规划。如果创业者不具有财务分析和预测的能力,就应该聘请外部的财务顾问提供帮助。

(三)搜集相关信息

撰写创业计划书时需要搜集多种信息,其主要包括市场信息、运营信息、财务信息等。信息的来源渠道多种多样,互联网就可以为创业者提供大量的有价值的信息资源。

1. 市场信息

产品或服务的潜在市场信息对创业者尤为重要。为了判断市场规模,创业者需要明确自己的目标市场:目标顾客是男性还是女性?是企业还是消费者个人?是高收入人群还是低收入人群?是城市居民还是农村居民?目标市场的确定将会使创业企业的市场规模和市场目标比较容易确定。为了更准确地了解真实的市场信息,创业者往往要花费较多的资源进行市场调查。

2. 运营信息

在编写创业计划书的过程中，可能需要以下运营信息：地点、生产制造、原材料、设备、劳动技能、生产或办公场所，以及相关的开支。

3. 财务信息

财务信息的主要作用是说服投资者因为创业企业将来会赢利而对该企业进行投资。主要的财务信息包括：资金的需求和来源、未来的销售情况、资金的周转情况、企业的投资收益率和投资回收期、风险资本的退出情况等。

（四）选定一份优秀的创业计划书做参考

创业计划的编写有较大的难度，单纯看几本参考书并不能马上解决问题，最好找一份类似的、已经取得成功的创业计划书作为参考，然后按照提纲撰写。当然，这只能是借鉴，绝对不能照搬照抄，因为每一个企业都应该有自己的特色。

延伸阅读 5-3

自我评价你是否适合创业

当你想创业时，不必急着马上走向创业之路，可以根据以下几个方面进行自我分析并证明你是否适合创业，评估一下自己的创业计划是否可行。

（1）你看到过别人使用过这种方法吗？一般来说，一些经营红火的公司的经营方法比那些特殊的想法更具有现实性。在有经验的企业家中流行着这样一句名言："还没有被实施的好主意往往实施不了。"

（2）你真正了解你所从事的行业吗？否则，你就得花费很多时间和精力去调查诸如价格、销售、管理费用、行业标准、竞争优势等信息。

（3）你能否用语言清晰地描述出你的创业构想？你应该能用很少的文字将你的想法描述出来。根据成功者的经验，不能将这些想法变成自己的语言的原因大概也是一个警告——你还没有仔细地思考吧！

（4）你的设想是为自己还是为别人？你是否打算在今后五年或更长时间内，全身心地投入这个计划的实施中去？

（5）你的想法经得起时间考验吗？当你的某项计划真正得以实施时，你会感到由衷的兴奋。但过了一个星期、一个月甚至半年之后，将是什么情况？它还那么令人兴奋吗？或者你已经有了完全不同的另外一个想法来替代它？

（6）你有没有一个好的关系网络？开始办企业的过程实际上就是一个组织供应商、承包商、咨询专家、雇员的过程。为了找到合适的人选，你应该有一个服务于你的个人关系网。

（7）明白什么是潜在的回报。每个人投资创业，其最主要的目的就是赚更多的钱。可是，在尽快致富的设想中隐含的绝不仅仅是钱，你还要考虑成就感、爱、价值感等潜在回报。如果没有意识到这一点，那就必须重新考虑你的计划。

如果经过自我分析后证明你适合创业，同时你也能正确回答上述几个问题，那么你创业成功的胜算将会很高，这时你就可以决定着手去创业了。

三、创业计划书的撰写步骤

（一）明确格式和要求

不同用途的创业计划书格式有所不同。特别是在一些具体的情景中，创业计划书的使用会对其撰写提出一些特殊要求，甚至会给定一个专门的模板。比如，创业者参加某风险投资商的项目洽谈会，投资商可能会要求创业者在创业计划书中着重介绍创业团队和营销策略，而对产品背景和风险评估内容不做要求。这样，创业者就要按要求对创业计划书的结构和内容做出调整。又如，参加"创青春"大学生创业大赛，组委会在参赛通知中已经提供了一个标准的创业计划书模板，参赛者只能按照这个模板来撰写。因此，在正式撰写创业计划书之前，创业者一定要根据实际需要和目的，针对具体要求明确创业计划书的格式和要求。

延伸阅读 5-4

我国首届大学生创业计划竞赛

国内首届"挑战杯"中国大学生创业计划竞赛是于 1999 年在清华大学举办的。在这次大赛中，共收到全国 120 所高校的 400 件作品，其中"视美乐"团队就是在这次大赛中获得了上海第一百货股份有限公司的5 250万元风险投资，成为中国大学生创业获得风险投资的第一例。

（二）确定目录和提纲

创业者明确了创业计划书的格式和要求之后，就要结合创业计划书的用途，合理安排创业计划的内容，拟定创业计划书的目录和提纲。目录和提纲应该尽量详细，要设置四级标题，并且标注出哪部分详细、哪部分简略，甚至可标出每一部分的大概字数。

（三）收集材料和数据

创业者根据创业计划书的提纲，对于还没有确定材料的部分，要有目的地去收集；对于需要用图表、数据展示观点的部分，要有目的地进行图表制作和数据计算。创业计划书涉及的内容较广泛，因此需要收集的材料和数字也非常多，可能要花费创业者较多的精力。创业者应该不畏艰辛，克服困难，踏踏实实地去完成这些任务。

（四）撰写初稿

收集到基本齐备的资料和数据后，创业者就可以着手起草创业计划书的初稿。最好是按照目录和提纲的次序，按章节顺序进行撰写，这样做的好处是可以把握创业计划书的整体思路和风格，也便于掌握撰写进度。"东一榔头，西一棒槌"的做法不仅会浪费精力，也不利于把握创业计划书的整体思路和风格。

（五）检查与修改

创业计划书的初稿完成后，一定要反复阅读，从客观性、实践性、条理性、创新性等多个视角检查创业计划书是否达到了相应的要求。需要特别强调的是，创业者要站在创业计划书使用者（投资商、评委、客户等）的视角来阅读创业计划书，看是否能打动目标读者。此外，创业者还可以把创业计划书拿给相关人士阅读，多方征求意见。在充分检查和征求意见的基础上，进行反复修改，力争完美，最后定稿。

创业计划书的检查可以从以下几个方面进行：

（1）检查创业计划书逻辑是否清晰，论据是否充分，表达是否通俗易懂，语法是否正确，用词是否恰当。

（2）是否有索引和目录，以便投资者可以较容易地查阅各个章节。

（3）是否编写了摘要并放在了最前面。如果已编写，检查摘要是否写得简明扼要、引人入胜。

（4）是否显示出你具有管理公司的经验？否则，一定要明确地说明你已经找了一位经营大师来管理你的公司。

（5）是否显示出你有能力偿还借款，从而增强投资者的信心。

（6）是否显示出你已进行过完整的市场分析，要让投资者坚信你在计划书中阐明的产品需求量是真实的。

（7）能否打消投资者对产品或服务的疑虑。如果需要，可以准备一件产品模型。

（六）印刷和制作

定稿后，创业者就要把创业计划书进行印刷和装订。一定要注意印刷质量和装帧的美观，最好设计一个简洁而漂亮的封面。

延伸阅读 5-5

大学生撰写创业计划书常见的问题

因为大学生缺乏实际训练，或者是创业设想还很不成熟，大学生创业计划书中普遍存在一些问题。现列举一些常见的问题，供准备创业的大学生参考。

（1）主题不够鲜明集中，想法很多，但是不善于收敛，或许是发散性思维使用很顺手，一旦需要按照可行性方向加以评价和收缩时，就难以取舍。

（2）筹资方案不明确，不知道从哪里得到必需的资金，很多情况下就是创业团队自己"凑份子"，这些资金的来源和规模使人缺乏信心。

（3）财务分析能力非常薄弱，在计算成本中考虑得不够全面，有关税费、财务费用及人工物料等成本要么漏算，要么抠门到不太现实的地步，而在预期收益上却不考虑完全可能的风险，在非常理想的情况下设想收益的丰饶和稳定，结果计算出来的收益率肯定是高于市场的实际水平。

（4）在生产、销售等环节的程序控制和细节管理等方面几乎完全没有考虑，以为这些常规性的工作不需要创业者去应对，或者创业者不屑于处理这些细枝末节的事，给人的印象是只要策划做好了，所有的常规运行就可以放心大胆地撒手不管。

（5）创业组织的结构、体制构想不明晰，创业团队没有从法律上加以明确说明，多少有点哥们义气，在彼此信赖的基础上白手起家，对于长远发展过程中必然遭遇的产权、责任划分等问题不予考虑。

（6）在项目设计上浪漫色彩偏重，一些看似亮丽实质无谓的品牌包装、形象设计不舍得删改，项目名称和标识很难联想到所从事的行业和市场定位，让人感觉晦涩、牵强。

四、创业计划书具体内容撰写要点

（一）封面设计

封面是创业计划书的脸面，如同大学生的求职简历，它首先呈现在读者面前，能使阅读者产生最初的好感，形成良好的第一印象，因此一定要有独特的风格。创业计划书的封面重在设计，要求设计者具有一定的审美能力和艺术天赋。有人认为别人看不懂的一定是独特的，其实这是错误的认知。封面一般以简约、明确为主，忌晦涩怪异。

（二）执行摘要

执行摘要是为了吸引战略合伙人与风险投资人的注意力而将创业计划书的核心内容提炼并制作而成的要点，是创业计划书的精华，涵盖计划书的要点。一般所有内容编制完毕后，再把主要结论性内容摘录于此，以求一目了然，在短时间内给投资人留下深刻的印象。撰写人要反复推敲，力求精益求精，形式完美，语句清晰流畅而富有感染力，以引起投资人阅读创业计划书全文的兴趣；特别要详细说明企业自身的不同之处，以及企业获取成功的市场因素。执行摘要应介绍充分的信息以使读者对新企业有清晰的了解，同时，应十分简洁，篇幅一般控制在1~2页。

（三）企业介绍

企业介绍如同自我介绍，目的就是向战略合伙人或者风险投资者介绍融资企业或项目的基本情况，让投资者认识该企业。企业介绍中会涉及企业的基本概况（名称、组织形式、注册地址、联系方式等）、发展历史与现状、业务状况、所提供的产品或服务的竞争力、与众不同的竞争优势、当前的所有权结构、目前的财务状况、未来的发展规划和目标等。其中，企业目标是企业要达到的效果，是企业发展的动力，在企业介绍中是亮点所在，因此必须下功夫写好。

（四）产品或服务

在进行投资项目评估时，投资人最关心的问题之一就是企业的产品或服务能否及在多大程度上解决现实生活中的问题，或者能否帮助顾客节约开支、增加收入等。因此，产品或服务介绍是创业计划书中必不可少的一项内容。

在这一部分，创业者要对产品或服务做出详细的说明，说明要准确，也要通俗易懂，让不是专业人士的投资者也能明白。产品介绍包括产品的名称、特性、市场竞争力、研发过程、品牌、专利、生命周期、市场前景等。其中，产品的特性是不同产品之间或同类产品之间相互区别的标志，因此，一定要详细且通俗易懂地表述出你提供的产品与同类产品相比有哪些独特之处。如果产品还在设计之中，最好提供相应的设计方案并证明自己的生产能力；如果产品已经生产出来了，可以介绍产品的研究和开发过程，产品的技术改进、更新换代或新产品研发计划及相应的成本，同时附上原型介绍及图片；如果产品是创新型产品，创新就成了该产品的特性，一定要说明产品的品牌和专利等。

在产品或服务介绍部分，通常要回答以下问题：

（1）顾客希望从企业的产品或服务中得到什么？

（2）与竞争对手相比，企业提供的产品或服务有哪些优势与劣势？企业采取何种办法取长补短？

（3）企业拥有哪些专利与许可？企业为自己的产品采取了哪些保护措施？

（4）企业对新产品或服务有何规划？

（5）企业的产品或服务定价为何能给企业带来长效利润？

（6）企业的产品或服务如何拥有稳定的顾客群？顾客群一旦缺失，企业该如何应对？

需要注意的是，任何一个创业者在创业之初都会对自己提供的产品或服务充满信心，因此在创业计划书的写作中难免会有许多赞美之词。但是，企业的种种承诺都是应该可以兑现的，因此，对产品或服务的介绍一定要实事求是，不能夸夸其谈。

（五）市场分析

市场分析在整个创业计划书中起着举足轻重的作用，主要包括目标市场分析、行业分析、竞争对手分析等内容。

1. 目标市场分析

目标市场由著名的市场营销学学者麦卡锡提出。他认为应当按消费者的特征把整个潜在市场分成若干部分，根据产品本身的特性选定其中部分消费者作为一个特定的群体，这一群体被称为目标市场。

对目标市场的分析，应从以下几方面入手：

（1）你的细分市场是什么？

（2）你所拥有的市场有多大？

（3）你的市场份额是多少？

（4）你的目标顾客群是哪些人？

（5）你的五年生产计划是什么，收入和利润是多少？

（6）你的营销策略是什么？

详细的目标市场分析有助于投资者判断企业目标的合理程度，以及他们承担的风险的大小。在对目标市场的分析中，创业者需要阐明这样的观点：企业处在一个足够大、发展前景非常广阔的市场中，并有足够的能力应对来自各方面的竞争。

延伸阅读 5-6

目标市场的选择策略

目标市场的选择策略即关于企业为哪个或哪几个细分市场服务的决定。通常有以下五种模式可供参考：

（1）市场集中化。企业选择一个细分市场，集中力量为之服务。较小的企业一般专门填补市场的某一部分。集中营销使企业深刻了解该细分市场的需求特点，采用针对性的产品、价格、渠道和促销策略，从而获得强有力的市场地位和良好的声誉，但同时隐含较大的经营风险。

（2）产品专门化。企业集中生产一种产品，并向所有顾客销售这种产品。例如，服装厂商向青年、中年和老年消费者销售高档服装，而不生产消费者需要的其他档次的服装。这样，企业在高档服装方面树立了很高的声誉，但一旦出现其他品牌的替代品或消费者流行的偏好转移，企业将面临巨大的威胁。

（3）市场专门化。企业专门服务于某一特定顾客群，尽力满足他们的各种需求。例如，服装厂专门为老年消费者提供各种档次的服装。企业专门为这个顾客群服务，能建立良好的声誉，但一旦这个顾客群的需求量和特点发生突然变化，企业就要承担较大风险。

（4）有选择的专门化。企业选择几个细分市场，每一个细分市场对企业的目标和资源利用都有一定的吸引力，但各细分市场彼此之间很少或根本没有联系，这种策略能分散企业经营风险，即使其中某个细分市场失去了吸引力，企业还能在其他细分市场中赢利。

（5）完全市场覆盖。企业力图用各种产品满足各种顾客群体的需求，即以所有的细分市场作为目标市场。例如，服装厂商为不同年龄层次的顾客提供各种档次的服装。一般只有实力强大的大企业才能采用这种策略。

2. 行业分析

行业是企业要进入的市场。在创业计划书中，创业者要分析所入行业的市场全貌及关键性的影响因素。行业分析需要从以下几个方面来进行：

（1）该行业现状：处于萌芽期还是成熟期？发展到了何种程度？总销售额是多少？总收益如何？

（2）该行业的发展趋势：未来走向如何？

（3）该行业的影响因素：国家的政策导向、社会文化环境、竞争者的现状、行业壁垒等。

（4）该行业市场上的所有经济主体概况：竞争者、消费者、供应商、销售渠道等。

在进行行业分析时，应该对所选行业的基本特点、竞争状况及未来趋势有准确的把握，这些是建立在对所选行业充分了解的基础上的。创业者只有做到这一点，才能了解行业发展规律，认清行业发展方向，确立企业发展目标。

3. 竞争对手分析

竞争对手是这样一类企业：它们在市场上和你的企业提供着相同或类似的产品与服务，并且在配置和使用市场资源过程中与你的企业具有一定的竞争性。如何与对手竞争，如何在竞争中胜出是每个企业家都需要考虑的问题。

信息搜集是进行竞争对手分析的前提。企业内部信息库、传统媒体、互联网、商业数据库、咨询机构、服务机构、人际关系网络等都是搜集竞争对手信息的重要平台。当获得竞争对手的基本情况、产品情况、营销策略、技术含量、商界信誉等信息后，做好相关准备工作，创业计划书就会有据可循、表述充分。进行竞争对手分析时，应该从以下几个方面入手：

（1）你的竞争对手有哪些？你的主要竞争对手有哪些？你最大的竞争对手是谁？

（2）你的竞争对手的优势在哪里？有什么新动向？

（3）竞争中你具备哪些优势和劣势？优势如何发扬，劣势如何消除？

（4）你能否承受竞争所带来的压力？

（5）你将采取什么策略战胜竞争对手？

（六）管理团队及组织结构

企业管理的好坏直接决定了企业经营风险的大小，而高素质的管理团队和良好的组织结构则是管理好企业的重要保证。因此，风险投资者会特别注重对企业管理人员及组织结构的评估。

1. 团队主要管理人员介绍

主要管理人员一般是董事会成员及主要营销人员。董事会成员决定企业的发展，营销人员关乎企业的效益。因此，有必要介绍他们的详细经历和背景，以及他们的职责和能力。具体来讲，主要管理人员介绍包括个人基本信息（姓名、年龄、政治面貌等）、工作履历、受教育程度、主要经历、道德素养和综合素质等。在介绍过程中，要重点描述关键管理人员的才能和职责。这些人员如同领头奔跑的骏马，起着带队引领、示范表率的作用。创业管理团队的高效率能激发投资者的信心。因此，一方面，创业者需要建立起一个团结向上、责权明晰的团队；另一方面，在创业计划书的写作中要凸显团队风采。

2. 组织结构介绍

组织结构即企业管理架构。组织结构类型很多，但初创企业组织结构相对比较简单，员工就是股东；组织结构的关键是分工明确、各司其职。此部分内容具体包括：企业的组织结构图；各部门的功能与责任；各部门的负责人及主要成员；企业的报酬体系；企业的股东名单，包括认股权、比例和特权；企业的董事会成员；各位董事的背景资料；等等。

（七）市场预测

市场预测就是运用科学的方法，对影响市场供求变化的诸多因素进行调查研究，分析和预见其发展趋势，掌握市场供求变化的规律，为经营决策提供可靠的依据。当企业要开发一种新产品或向新的市场扩展时，首先就要进行市场预测。如果预测的结果并不乐观，或者预测的可信度让人怀疑，那么投资者就要承担更大的风险，这对多数风险投资者来说都是不可接受的。

首先，市场预测要对需求进行预测。例如，市场是否存在对这种产品的需求？需求程度是否可以给企业带来所期望的利益？新的市场规模有多大？需求发展的未来趋向及其状态如何？有哪些因素会影响需求？

其次，市场预测还要包括对市场竞争情况——企业所面对的竞争格局进行分析：市场中主要的竞争者有哪些？是否存在有利于本企业产品的市场空当？本企业预计的市场占有率是多少？本企业进入市场会引起竞争者怎样的反应，这些反应对企业会有什么影响？

在创业计划书中，市场预测内容应包括：市场现状综述、市场需求、竞争厂商概况、目标顾客和目标市场、本企业产品的市场地位等。

创业者对市场的预测应建立在严密、科学的市场调查基础上。企业所面对的市场本来就有变幻不定、难以捉摸的特点，因此，创业者应尽量扩大收集信息的范围，重视对环境的预测并采用科学的预测手段和方法。创业者应牢记市场预测不是凭空想象，对市场错误的认识是企业经营失败的主要原因之一。

(八）营销策略

营销是企业经营中最富挑战性的环节，影响营销策略的主要因素有消费者特点、产品特性、企业自身状况、市场环境方面的因素，而最终影响营销策略的则是营销成本和营销效益。在创业计划书中，营销策略应包括：市场机构和营销渠道的选择、营销队伍建设和管理、促销计划和广告策略、价格决策等。

对于处于不同发展阶段的企业来说，其营销策略是不同的。对于创业企业来说，由于产品和企业的知名度低，很难进入其他企业已经稳定的销售渠道中去。因此，企业不得不暂时采取高成本、低效益的营销战略，如上门推销、大打商品广告、向批发商和零售商让利，或交给任何愿意经销的企业销售等；而对发展中的企业来说，一方面可以利用原来的销售渠道，另一方面也可以开发新的销售渠道以适应企业的发展。

一般来说，中小企业可选择的市场营销策略有以下几种：

（1）集中性营销策略，即企业只为单一的、特别的细分市场提供某种类型的产品。这种方法尤其适用于那些财力有限的小公司。

（2）差异性营销策略，即为不同的市场设计和提供不同类型的产品。这种策略大多被那些实力雄厚的大公司所采用。

（3）无差异性营销策略，即为不同的市场设计和提供不同类型的产品，希望它能引起整个市场上全部顾客的兴趣。当人们的需求比较简单，或者并不被人们认为很重要时，该策略较为适用。

（九）生产计划说明

生产计划作为创业计划书的重要组成部分，其作用在于使投资者了解企业的研究进度和所需资金。在这一部分，创业者应该明确业务流程。在业务流程中，创业者一定要明确其中的关键环节，要写明企业的基本运营周期及间隔时间，更要将季度性生产任务和生产中会遇到的问题及解决方案解释清楚。

具体来说，创业计划书中的生产计划应包括以下内容：厂房基本情况，包括地址、基础设施和基本配置情况；产品制造和技术设备现状；生产流程及关键环节介绍；新产品投产计划；生产经营成本分析；质量控制和改进计划及能力。

（十）财务规划与分析

一份好的财务规划可以帮助企业降低经营风险，增强风险企业的评估价值，提高企业获取资金的可能性。如果说创业计划书是创业者在筹资过程中所做事情的整体概括，那么财务规划就是创业计划书的臂膀，为创业计划书提供有力的支撑。财务规划一般包括以下内容。

1. 历史经营状况数据

这里针对的是既有企业，初创企业不会涉及此类问题。企业在过去几年的经营状况是未来发展的重要参考，投资者会以此作为抉择的重要依据。创业者应提供过去三年的现金流量表、资产负债表和损益表。其中，现金流量表是企业的生命线，企业无论在初创期还是扩张期都要对流动资金有预先的管理计划并在使用中进行严格控制；资产负债表显示出企业在某一时刻的财务状况，是投资者用来衡量企业的经营状况及投资回报率的依据；损益表是企业盈利状况的写照，它反映了企业在运作一段时间后的经营成果。

2. 未来财务规划

未来的财务规划是建立在生产计划和营销计划基础之上的。严格来说，创业计划书中的前述内容都可作为企业制定未来财务规划的依据。有理有据，有适当的假设，是做好财务规划的前提。创业者要做的工作是论述未来3~5年内的生产运营费用和收入状况，将具体财务状况以财务报表的形式展示出来。要写好财务规划，创业者必须回答以下问题：

（1）单件产品的生产成本是多少？利润是多少？

（2）产品定价是多少？在固定时间段内产品的销售量有多少？

（3）雇用哪些人生产、加工、销售产品？工资预算是多少？

财务规划需要财会方面的专业知识，要做到规划精细、账款明晰，最好由这方面的专业人员来撰写。专业人员能够避免财务报表漏洞百出，也能增强投资者的信心，因此，创业管理团队中有熟悉财务管理的成员是非常必要的。

（十一）风险分析

没有风险分析的创业计划书是不完整的，因为创业本身就带有一定的冒险性，创业过程中的风险也通常会让人始料不及。风险分析不仅能减轻投资者的疑虑，让他们对企业有全方位的了解，更能体现管理团队对市场的洞察力和解决问题的能力。在这一部分，创业者可以从以下几个方面进行阐述：

1. 市场风险

市场风险包括生产中可能遇到的问题、销售者未知的因素、竞争中难以预料的方面、顾客的不同需求与反馈等。

2. 技术风险

技术风险主要是技术研发中的困境，如技术力量不够强大、研发不到位、员工熟练程度不高、经验不足、研发资金短缺等。

3. 资金风险

创业者需要阐明可能出现的资金周转不畅和资金断流等问题，也要讲明万一企业遭遇清算的后果及遭遇清算后有无偿还资金的能力。

4. 管理风险

创业者要实事求是，不能刻意隐瞒管理方面的缺陷和漏洞，而要如实反映情况，诸如人手不足、经验欠缺、资源匮乏等。

5. 其他风险

企业的其他风险有很多，如政策的不确定性、经营中的突发状况、财务上的不确定因素等，都可以归入此类。

创业者的任务是在对市场、技术、资金、管理等各方面风险进行分析之后，将这些风险及相应的解决方案用清晰的文字在创业计划书中反映出来。风险并不可怕，可怕的是没有应对风险的能力与对策。主动识别和讨论风险会极大地增加企业的信誉，使投资者更有信心。

（十二）附录

此部分应提供详细的财务信息，以及高层管理团队成员的个人简历。正文应该相对简短，足以提供所有重要信息即可，因此很多项目最好包含在单独的附录部分，如企业的营业执照、公司章程、验资审计报告、税务登记证、高新技术企业（项目）证书、专利证书、鉴定报告、市场调查数据、主要供货商及经销商名单、主要客户名单、场地租用证明、宣传资料、工艺流程图、各种财务报表及财务预估表、专业术语说明等。它与创业计划书主体部分一起装订成册。备查资料只需列出清单，待资金供给方有投资意向时查询。

五、创业计划书范例

在前面知识体系的基础上,本节给出了一个创业计划书范例,以供学生学习参考。需要注意的是,不同用途的创业计划书的格式和内容会有所不同。

南昌大学"稻渔工程"项目

1. 执行摘要

1.1 项目背景

稻田水产养殖模式在全球都有应用。截至20世纪中期,全球六大洲的稻作区共28个国家都有了稻田水产养殖生产模式的应用。截至2018年底,全球稻渔综合种养面积达1.62亿亩(1亩≈666.7平方米),中国达2 524万亩,江西省有100万亩(省内水稻种植面积达5 000万亩)。

进入新世纪后,随着我国经济快速发展和人民生活水平的提高,生产者对土地单位产出及食品优质化的要求不断提高。传统的稻田养鱼技术,由于品种单一、经营分散、规模较小、效益较低,难以适应新时期农业农村发展的要求。随着我国农村土地流转政策不断明确,农业产业化步伐加快,稻田规模经营成为可能,稻田综合种养的稳粮增效功能再次得到了各地重视。各地纷纷结合实际,探索了稻-虾、稻-蟹、稻-鳖、稻-蛙、稻-鱼和稻-鳅等相结合的新模式和新技术,并涌现出一大批以特种经济品种为主导,以标准化生产、规模化开发、产业化经营为特征的千亩甚至万亩连片的稻田综合种养典型,取得了显著的经济、社会、生态效益,得到了各地政府的高度重视和农民的积极响应。目前,稻渔综合种养正逐步成为具有"稳粮、促渔、增效、提质、生态"等多方面功能的现代农业发展新模式,掀起了新一轮发展的热潮。

随着全球捕捞渔业对海洋生物资源的负面影响日益加深,世界水产养殖产量增长迅速,在水产业中的比例也正在日益提高。我国淡水养殖具有悠久的历史，淡水养殖总产量多年来一直居世界首位，在我国水产业的地位举足轻重。淡水养殖包括池塘精养和湖泊、水库、河沟、水稻田等大、中型水域中放养，全国淡水养殖面积约 4 600 万亩（约占可养面积的 61%）。但随着人口的增加、工农业生产和城市的快速发展，我国淡水资源日益紧张，为保障居民用水和城市工业用水，一些江河、水库和湖泊的水资源不能继续用于养殖。另外，集约化水产养殖也带来水体环境污染和疾病的传播。因此，开拓淡水养殖空间、发展新的养殖模式很有必要。

传统稻渔综合种养技术效益低，规模化程度低，养殖对象相对单一，一般为低值常规鱼类为主，且生态效益与社会效益不佳。而新型稻渔综合种养技术不但能够解决经济效益的问题，同时具备了良好的社会效益与生态效益。

1.2　项目概述

项目在南昌大学、江西省渔业局、江西省特种水产产业技术体系的大力支持下，针对新时代农村农业工作的需求和特点，集成、创新、示范和推广了"稻虾共作+连作""稻蟹共作""稻鳖共作""稻蛙共作""稻鱼共作"和"稻鳅共作"六类综合种养新模式，创新"八字经"种养法，并集成了 9 项配套技术，技术培训总受益人超 5 000 人次，并已成立江西省厉害了我的渔科技有限公司。

项目总结的稻渔综合种养新模式，以乡村振兴为己任，以产业扶贫为目标，已成功对接超 30 家养殖企业，以"政府+项目团队（公司）+龙头企业+专业合作社+贫困户"的扶贫模式在省内建立典型稻渔共作示范区 10 个，面积超 10 万亩，辐射示范带动 30 万亩区域，多地示范区在水稻稳产的同时，增收水产品，亩均增效 20% 以上，减少化肥使用量 52.8%，减少农药使用量 58.6%。帮扶贫困家庭人员超 5 000 人，人均年收入约 6 000 元，帮助他们甩掉"贫困帽子"。项目通过"政产学研推用"把项目、平台、人才、基地和成果等科技创新要素结合起来提升稻渔综合种养水平，利用各类培训积极推广成功型稻渔综合养殖的模式、技术和品种，把培训班办到村头、田头，帮助贫困农民切实掌握稻渔综合养殖先进技术和技术操作规程，成为产业扶贫的排头兵，真正实现"渔稻互促、绿色生态、稳粮增收"，做到"一水两用，一田双收"。

1.3 盈利模式

在养殖企业进军稻渔综合种养行业但苦于无科学先进种养殖技术的背景下，公司通过拥有的全套稻渔综合种养先进技术，以及实力雄厚的技术顾问团队，对养殖企业提供技术支撑服务，通过养殖全过程服务模式，帮助其更好地进行种养殖，提高合作企业效益，使其扶贫能力与帮扶面积得到增强与扩大，帮助更多的贫困户脱贫致富。具体技术服务合作模式如下：

公司与合作企业签订技术服务合同，对其稻渔综合种养的全过程给予技术支撑及指导，包括前期的稻田工程改造、选择并提供适宜的种养殖品种，以及养殖过程中的疾病防治及日常管理等，风险共担，利益共享。合作企业将其产值增收部分的20%作为技术服务费支付给公司，此项为公司发展初期的主要收入。基于公司拥有的"稻虾共作+连作""稻蟹共作""稻鳖共作""稻蛙共作""稻鱼共作"和"稻鳅共作"6类稻渔综合种养典型模式，以及13个水产养殖新品种，公司的技术服务具有鲜明的可复制、可推广的特点，能够针对全国不同地区选择适宜的稻渔综合种养模式及种养殖品种，从而实现服务面积的大幅提升。

1.4 市场机会

据统计，2017年我国淡水产品达2 346.5万吨，稻渔综合种养水产品有124.3万吨，仅占5.3%。市场是企业营销活动的出发点与归宿点，从营销者来看，市场是由产品的所有实际的和潜在的购买者所组成。

同时，国内的稻渔综合种养水产品市场十分有市场活力，以小龙虾市场为例，根据2018年中国小龙虾产业发展报告，我们可以看出两个方面优势：① 中国小龙虾产业从最初的"捕捞+餐饮"起步，逐步形成了集苗种繁育、健康养殖、加工出口、精深加工、物流餐饮、文化节庆于一体的完整产业链，完整的产业链的背后需要供应产量和产品质量；② 目前，中国小龙虾的需求总量约为190万吨，其中餐饮需求140万吨、加工需求50万吨，需求缺口近100万吨。此外，国际市场需求缺口约为30万吨。

随着社会经济的发展，人们生活水平的提高，消费者对于稻渔综合种养的这类生态养殖的水产品的需求量会逐日增加。稻渔综合种养不仅为市场提供了大量优质的产品也补充了大量的市场空缺，公司产业化及市场化的市场潜力巨大。

1.5 财务概述

江西省厉害了我的渔科技有限公司注册资金200万，其中创业团队自筹资金70万元，指导老师技术及资金入股130万元。预计从经营期第一年开始盈利，三年内收入和利润逐年增长，预计第三年底实现利润4 520万元。公司将一直保持在低负债率下运行，财务风险小，具有很好的资金周转能力和偿债能力；企业将竭力配合风险投资商，从多种方式中选择一种最适合的风险资本退出方式，在保障风险投资商利益的同时，也实现公司自身的发展。

1.6 总结

"稻渔工程——引领产业扶贫新时代"项目基于"稻虾共作+连作""稻蟹共作""稻鳖共作""稻蛙共作""稻鱼共作"和"稻鳅共作"6类典型模式，以14项专利、13个水产优良品种作支撑，通过"政府+项目团队（公司）+龙头企业+专业合作社+贫困户"的运作模式，为合作企业提供技术支持和养殖方案，带动农民脱贫致富，立足赣鄱红色大地，拓宽餐饮、网络零售、大客户销售渠道，打造江西"稻渔"品牌。

2. 技术服务内容

南昌大学"稻渔工程"团队以"政府+项目团队（公司）+龙头企业+专业合作社+贫困户"的运作模式，提供全套创新的"八字经"技术服务，实现龙头企业的效益提升，从而达到振兴乡村的目标。其主要围绕"造、水、种、饵、密、防、管、培"八个方面来开展技术服务。

（1）造："稻渔工程"团队帮助规划与指导田间改造工程，实现规模化开发。前期对待改造田进行实地考察，根据种养模式不同，以《稻渔综合种养技术规范》为依据，为构建稻渔共作、轮作模式而实施稻田改造，包括进排水系统改造、沟坑开挖、田埂加固、稻田平整、防逃防害防病设施建设、机耕道路和辅助道路建设等内容。其让传统的水稻田在保证水稻产量的同时又能养殖出水产品，大幅提高稻田产值。

（2）水、种：经过多年研发，依托江西省水产动物资源与利用重点实验室，以鄱阳湖系列水产品为主，提供丰富且优良的备选品种。"稻渔工程"团队为满足不同地域、不同模式的种养需求，历时近二十年，先后培育出"英明甲鱼、添鹏甲鱼、鄱阳湖甲鱼、鄱阳湖大闸蟹、鄱阳湖清水虾、鄱阳湖石蛙、萍乡红鲫、荷包红鲤、鄱阳湖鲫鱼、池蝶蚌"等13个特种水产养殖新品种，为企业和农户提供丰富且优良的备选品种。新品种生长速度比普通品种快（英明甲鱼比日本甲鱼快27.8%），且抗病能力强（英明甲鱼成活率为97.6%）。

（3）饵：提供饵料投喂技术服务。"稻渔工程"团队根据企业实际生产中遇到的困难，自主研发出高效饲料及科学投喂方法，以及饲料配方，大幅度降低养殖成本；改良饲料配方，采用梯度饵料训饲方法，因不同养殖时期而采取不同的具体饵料配比比例，可极大地减少水产动物因为添加配合饲料而导致的应激反应，降低病害的发生，有效提供亩均产量。

（4）密、防：提供病害防控、养殖密度调控相关服务。"稻渔工程"团队提供种苗放养及病害防控方案，通过"苗种放养前做好消毒工作，定期使用生石灰消毒，每日巡塘防止敌害，发病控制以防扩散，对症下药进行治理"这五个步骤，做好每个养殖阶段的病害防治服务，能够有效抑制水体病菌的大量繁殖，对发病群体进行早发现早治疗，预防为主，防治结合；为不同品种提供科学的养殖密度，使其养殖密度合理化。

（5）管：循环生态养殖+精细化管理，养殖全程可追溯。"稻渔工程"团队经过多年试验总结出一种循环生态养殖方法，利用微生物发酵菌降解畜禽粪便及农作物废弃物、生产活饵及发酵饲料的同时，又可有效分解各种有害物质，对各种物质实现循环利用，以达到循环生态养殖；同时结合水产养殖智能监控系统和可视化监控系统，做到实时监控水体酸碱度、氮磷含量、溶解氧、水温等数据，对养殖环境实施动态管理，实现全程可追溯。

（6）培：定期进行人员培训，搭建行业交流平台。"授人以鱼不如授人以渔","稻渔工程"团队定期针对合作企业养殖技术人员、承包户开展培训,增强当地群众科技意识。"稻渔工程"团队的专家和青年大学生深入田间地头考察调研,对当地土壤、气候、水质各方面进行分析,因地制宜为不同地方推选稻渔产业最适宜的种养产品;同时组织专家教授实地举办农业科技培训和技术指导,召集贫困群众进行技术培训,把"养什么、怎么养,种什么、怎么种"的问题说清楚、讲明白;培训结束后,及时跟进培训效果,对承包户进行回访指导,实地帮助其解决种植、养殖过程中存在的困难与问题。

3. 企业介绍

3.1 公司简介

江西省厉害了我的渔科技有限公司成立于 2018 年,位于江西南昌,现已入驻国家级创业中心——南昌大学科技园。公司以稻渔综合种养技术服务为主,着力打造江西省农业体系"互联网+"第一平台,集种子与饲料研发、生产、销售、现代农业服务体系建设、农产品销售及深加工、农业技术服务支持等为一体,以振兴农村经济、惠农惠民为目的,属于专业支农服务企业。

3.2 公司形象

公司注册名称:江西省厉害了我的渔科技有限公司。

公司商标如图 5-1 所示。

图 5-1 公司商标

3.3 管理团队

南昌大学"稻渔工程"团队是一支多学科交叉、充满激情、富有创新思维的团队。

团队成员分别来自南昌大学水产养殖学、水生生物学、动物学、工商管理学、广告学和金融学等专业,分别参与公司的技术研发、技术服务、行政管理和财务等方面的工作。团队成员深入企业一线,拥有丰富的实践经验。成员专业知识牢固,凝聚力强,有着不畏艰辛、坚持不懈、敢于挑战、勇于创新的精神。

3.4 组织形式

公司采取扁平式管理架构。总经理下设技术部、财务部、行政部和公关部。各部门经理对上级负责。结构如图5-2所示。

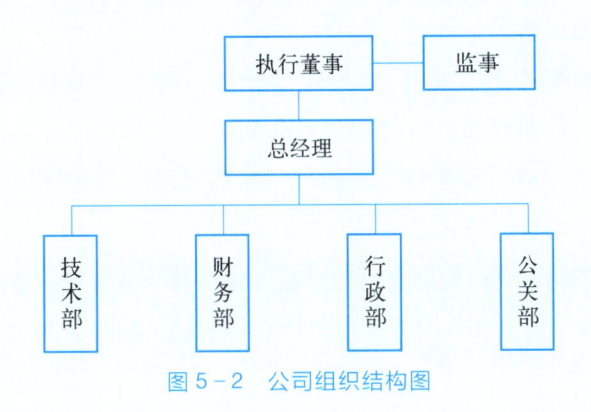

图5-2 公司组织结构图

3.5 部门职责概述

总经理职责:

(1)主持公司的生产经营管理工作。

(2)组织实施公司年度经营计划和投资方案。

(3)拟定公司内部管理机构设置方案。

(4)拟定公司的基本管理制度。

(5)制定公司的具体规章。

(6)提请聘任或者解聘公司副经理,财务负责人。

(7)聘任或者解聘除由执行董事聘任或者解聘以外的管理人员。

(8)经理列席股东会会议。

技术部职责:

(1)负责制定公司技术发展战略、规划,以及中长期技术研发计划。

(2)负责技术的研发,对现有技术进行优化和维护,提供技术支持。

(3)负责产品标准化管理,对产品和工艺基础数据库进行维护和管理。

财务部职责：

（1）负责公司财务管理和经营核算，及时准确地提供全面可靠的财务资料、会计报表和所需核算数据。

（2）制定公司财务计划，安排预算方案，监督检查各部门预算执行情况。

（3）编审公司年终决算，汇总、分析各部门的会计报告，考核各部门经济指标完成情况。

行政部职责：

（1）编写公司产品的宣传资料，收集、研究和处理顾客的意见和反馈信息；对产品生产的各项环节进行一定程度的监督，保护产品营销各个环节的正常进行，以提升产品知名度。

（2）处理相关客户投诉及纠纷问题，以良好的心态及时解决客户提出的问题和要求，提供售后服务并能解决投诉问题，配合公司对产品进行推广宣传。

（3）通过开展客户调查活动，了解客户各方面情况，收集信息为企业开发潜在客户提供依据；通过建立客户关系管理制度，不断改进客户服务方式，完善客户服务体系，巩固和加强与客户之间的关系。

（4）根据岗位需求状况和人力资源规划，制定招聘计划，做好招聘前的准备、招聘实施和招聘后的手续办理等工作；制定、修改公司各项人力资源管理制度和管理办法，建立制度化、规范化、科学化的人力资源管理体系；制定公司的薪酬、福利方案，经审批后组织实施；核算员工工资，计算员工社会保险缴纳标准、缴纳社会保险。

公关部职责：

（1）负责对内、对外公共关系工作。

（2）负责建立企业和品牌形象。

（3）组织大型公关活动。

4. 市场分析

4.1 市场容量分析（略）

4.2 稻渔综合种养经济效益分析（略）

5. 营销策略

5.1 业务拓展策略

公司目前及长远规划的主要的经营范围为稻渔综合种养技术服务指导，虾、蟹、龟鳖、蛙、鳅和鱼的种质培育及供给，稻渔综合种养系列产品的销售，产学研旅行的开发，等等。公司将已有的合作企业，纳入新项目合作范围，采取利润分成的方式进行利益分配。对于合作企业而言，销售合作有利于扩大其公司的销售额，同时有助于扩大其公司的影响力；同时用技术服务的积累，完成对稻渔综合种养技术的不断研发革新，在推广后期，使项目更加全面完善，更具备竞争力，建立起自己的优势。

5.2 公司发展策略

公司将以市场为导向，以技术革新为竞争前提，以人才为中心，着力研发稻渔综合种养技术，不断提高生态效益与经济效益，发展相关产品，大力实施区域化经营、技术创新、人才培养三大战略，发挥公司专长，努力建设成为一个适应市场经济发展、立足新型农业、致力于稻渔综合种养生态养殖技术的研发革新，有强大经济实力和竞争能力的大型公司。公司发展战略将分起步、发展、成熟三步来走，在实现每一阶段战略目标的基础上，实现成为稻渔综合种养领域领导者的战略构想。

5.3 战略实施措施

5.3.1 起步阶段

（1）快速渗透策略。

创业初期由于财力物力有限，公司将以市场为导向，通过与江西省各市区的龙头企业合作，为其提供稻渔综合种养技术服务，并借助龙头企业与专业农村合作社进行对接，将公司的企业影响力渗透到各个地区；并积极参加和主持各种农展会和稻渔综合种养研讨会等，迅速在省内打响名声，并为后续发展积累良好的公共关系。

（2）建立示范效应。

公司将以重点养殖企业、饲料公司为标准建立一系列服务标准体系，提升客户产品市场占有率和产品利润率，在潜在客户中树立模范作用；逐步树立行业准则，为今后的发展奠定基础。

5.3.2 发展阶段

（1）扩大技术服务面积，提高公司造血功能。

公司在稳固江西省市场的基础上，进军江西省周围省份，同时开展与合作企业的销售合作，进而形成一个初具规模的系列产业链：种+技术—养殖企业—产品—公司销售。

（2）加强产品质量监测与可追溯管理。

公司在该阶段致力于实现水产品和稻米的可追溯管理，即每一期产品都有其相应的二维码，通过该二维码实现对其生长过程与管理过程的查看，从而增强购买者对产品的了解程度与安全性的信任程度；并加强对各种综合种养体系的经济效益与生态效益的研究，力求降低成本及提高生态效益。

（3）大力投入研发，加快技术革新。

在发展阶段，市场需求不断扩大，同时大量竞争者存在，公司应加大投入，加快技术革新，保持在本行业的技术领先性。

5.3.3 成熟阶段

（1）打造"厉害了我的渔"全国著名品牌。

公司以全新的水产品组合、让人放心的安全品质、营养绿色的食品质量，在国内市场中，全面推广"厉害了我的渔"产品，将"厉害了我的渔"培养成为全国知名品牌。

（2）加强技术及产品研发力度。

随着产品品种的不断增多，销售数量、种养面积和种养类型的急速上涨，产品已经进入现金流模式，"厉害了我的渔"将继续加大研发力度，开发新产品，提高利润率，将绿色食品的价格降下来，保证为客户提供质优价廉的绿色食品；同时保持技术的不断革新，保证技术领先。

（3）开展全面质量管理。

"质量是企业的生命"，为了提升公司的核心竞争能力，公司将开展全面质量管理的工作。公司在对市场空间与特点有很好的把握后，建立质量体系，通过对水产品与稻米进行全过程质量管理，对其各个生长阶段进行检测，以确保产品质量。

6. 竞争分析

6.1 技术优势

公司项目技术在国内首创"动物粪便与秸秆+蚯蚓（活饵）+水产动物+水稻"自产活饵循环生态养殖模式。公司在品种和养殖技术方面进行了大量的科学研究与应用实验，自主研发14项核心专利。

6.2 竞品分析

6.2.1 竞争对手间的竞争强度——强

公司的主要竞争对手主要来源于其他省份具有发达稻渔综合种养技术的公司。

6.2.2 新进入者的威胁——弱

新进入者的威胁指的并不是进入后会产生多大的威胁，而是进入障碍的问题。稻渔综合种养技术难度高且具有较强的地域性，如没有强有力的技术团队支撑，其他人很难突破技术壁垒进入该行业中。

6.2.3 买方议价能力——中

由于稻渔综合种养技术研发难度大，消耗时间长，所需科研实力高，因此相关领域先进技术十分珍贵，但由于大型养殖企业投入大量资金进行实践探索，也可能摸索出一些方法，故此买方议价能力为中等水平。

6.2.4 替代品的威胁——弱

这里所说的替代品的威胁指其他技术服务公司或科研机构研发出的高新养殖技术，由于综合种养地域性强，而公司技术顾问团队几乎整合江西省大部分知名水产专家，可在江西地区保证公司综合种养模式的普适性，大大减少了替代品的威胁。在面向全国市场拓展时，公司会对每个地区派出大量研究人员进行实地调研，经技术顾问团队因地制宜，设计出适合当地实施的方案，因此能够保证公司项目顺利向全国范围拓展。

我们通过以上分析可以得出以下结论：

（1）公司的创业发展可以获得国家优惠政策的扶持与帮助，有利于我们渡过发展难关,公司的市场前景广阔,在当前江西省稻渔综合种养技术市场正在起步阶段的情况下,有占据市场先机的机遇,这对公司的发展极为有利。

(2)公司技术专利具有优势,技术顾问团队实力雄厚,具有对产品更新换代的能力,能确保产品不断完善和进步,在市场上占据有利位置。

(3)进军全国市场还是有很大的挑战,公司要不断提高技术普适性,以便在与各省企业的竞争中取得优势。

6.3 公司 SWOT 综合分析

公司 SWOT 综合分析如表 5-1 所示。

表 5-1 公司 SWOT 分析情况

		O(机会)	T(威胁)
S（优势）	技术领先,拥有自主知识产权,后续研发团队强大;与养殖企业具有良好的合作基础	国家大力支持稻渔综合种养,出台很多支持政策;国家支持大众创业、万众创新;互联网+农业新方式;稻渔综合种养技术服务市场潜力巨大	稻渔综合种养模式在部分省份地区高速发展,有一定的市场,难以打破;稻渔综合种养存在一定地域性
		SO 战略	ST 战略
		提供先进技术给养殖企业打开合作市场,拓宽服务面积;抓住当前"互联网+"和稻渔综合种养推广的机会,扩大公司的影响力;充分把握当前的机会,扩大宣传力度,并紧密结合国家相关政策	大力投入技术研发,提高技术普适性;利用技术优势,加快后期研发,保持技术领先程度
W（劣势）	市场经验较匮乏;品牌没有知名度;创业资金有限	WO 战略	WT 战略
		加大前期宣传力度,扩大影响力,提高知名度;引入风险投资	保证研发的投入,不断创新技术,提高利润率;强化与养殖企业合作;拓宽盈利渠道,保持公司多元化发展

7. 财务分析

7.1 资金的来源和应用

江西省厉害了我的渔科技有限公司成立初期，共需要资金 200 万，其中创业团队自筹资金 70 万元，指导老师技术及资金入股 130 万元。

按照国家科技成果转化政策及我校的相关规定，根据公司发展需要，公司将融资 1 000 万元，出让 20% 的股权。其已由合同形式予以确定，产权清晰，公司股本结构如图 5-3 所示。

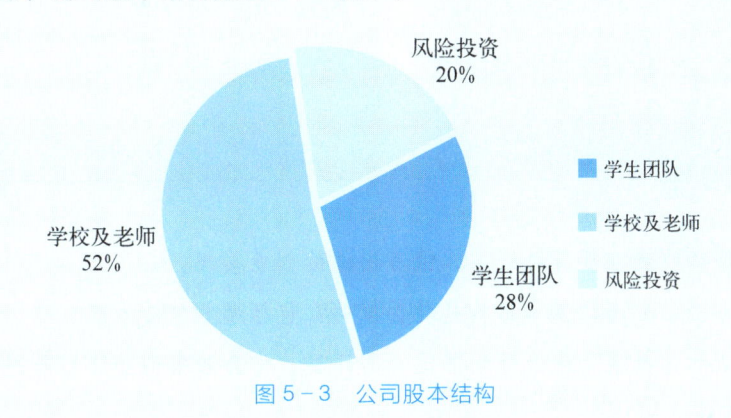

图 5-3 公司股本结构

7.2 财务假设

公司财务预算按照我国现有的会计准则和会计制度执行。

（1）预计三年之后的现金趋于稳定，因此，对公司进行未来三年的财务预测和财务分析。

（2）由于厂家直接发货，生产过程为委托加工，公司仅负责技术服务指导，并收取相关费用，故不存在原材料成本。

（3）按照行业水平，应收账款为营业收入的 15%，且能在下一年度全额收回。

（4）公司无形资产的摊销年限为 20 年；无形资产期末没有残值。

（5）增值税进项税率为 13%，销项税率为 11%，当年应缴纳的增值税在本年末用现金支付。

（6）本公司年末按 10% 计提盈余。

（7）税金及附加包含城建税和教育费附加，缴纳比例为增值税的10%。

（8）税收优惠：公司从事一种或多种高新技术及其产品的研究、开发、生产和技术服务，为国家规定的高新技术产业，根据《中华人民共和国企业所得税法》第二十八条规定：国家需要重点扶持的高新技术企业，减按15%的税率征收企业所得税。

（9）前三年，公司暂不向股东进行股利分配。

（10）公司生产经营良好，不考虑计提各项资产减值准备。

思考题

1. 假如你现在要开办公司，试写出你的创业构想。
2. 创业计划书的基本结构是什么样的？包括哪些核心内容？
3. 假如你是涉及创业计划书比赛的评委，你会看重创业计划书的哪些部分？原因是什么？
4. 假如你现在准备创业，你会遇到哪些问题和困难？怎样解决这些问题？

第六章　新企业创办与管理

【学习目标】

1. 了解企业组织形式的类型。
2. 了解新创企业的注册流程。
3. 掌握新企业管理的模式、内容和技巧。

案例导入

新创企业的企业形式选择

毕业于生物技术专业的赖嘉宝，不顾家人的阻挠，放弃医药公司的高薪工作，利用大学期间创业实践挣得的 5 万元，与同学合伙创立了怡可轩餐饮管理有限责任公司，自己当老板，走上了创业之路。

由于大学期间参加创业大赛，获得大赛冠军，并获得东莞光大集团 200 万元的风险投资，考虑到投资方在东莞的资源优势，他决定将创业选址定在东莞地区。团队与投资方达成协议，共同注册成立怡可轩餐饮管理有限责任公司，注册资本为 300 万元。名称预先核准通过后，银行开立验资户准备验资。就在这个时候，投资方财务顾问建议创业团队可以以个体工商户的形式先开设个体店，等事业做大，再注册成立公司，创业团队成员之间权利与义务可以通过签订协议来规定，这样可以节约成本。最终他们选择了这个方案，并计划在今后进一步发展中，将企业由个体工商户变更为目标公司——怡可轩餐饮管理有限责任工司。

大学生初次创业，资金有限，很多资金是通过家庭筹借、贷款和风险投资等筹集来的，自身没有充足的资金。赖嘉宝创业团队为了节约资金，获得更多优惠，可以按专家建议，先成为个体工商户；等企业逐渐

> 成熟，发展壮大了，再变更企业法律形态，设立为公司。
> 思考：
> 创业者如何选择企业形式？

第一节　了解企业常识

开办并且成功运营一家企业，需要了解企业常识，要熟悉企业伦理、企业组织的形式。

一、企业与企业伦理

（一）认识企业

企业是社会发展的产物，是从事生产、流通或服务行业活动的独立核算经济单位。它是依法设立的经济组织，是在商品经济范畴中，按照一定的组织规律有机构成的经济实体，一般以盈利为目的，以实现投资人、客户、员工、社会大众的利益最大化为使命，通过提供产品或服务满足社会需求，以换取收入和盈利。

企业根据不同的标准可以分为不同的类型：

（1）根据企业规模大小不同，企业可划分为大型企业、中型企业、小型企业。

（2）根据企业组织形式不同，企业可划分为个人独资企业、合伙企业、有限责任公司、股份有限公司。

（3）根据经济成分性质不同，企业可划分为国有企业、集体企业、私营企业。

（4）根据资源密集程度不同，企业可划分为劳动密集型企业、资金密集型企业、技术密集型企业。

（5）根据经营性质不同，企业可划分为工业企业、商业企业、农业企业、金融保险企业、房地产企业；另外也有交通运输企业、旅游服务企业、餐饮娱乐企业、邮电企业、中介服务业等。

(二) 企业伦理

企业伦理的内容可以分为对内和对外两部分,对内包括劳资伦理、股东伦理,对外包括客户伦理、政商伦理、社会责任及竞争伦理。

(1) 企业与员工间的劳资伦理。劳资双方应建立互信的和谐关系,员工拥有职业训练(包括职前训练和在职训练等)等权利。

(2) 企业与股东间的股东伦理。企业追求高利润,因此企业必须积极经营、迎难而上,赢得更多的利润,给股东创造更多权益;必须清楚严格地划分企业的经营权和所有权,确保管理者可以自由地开展营运工作。

(3) 企业与客户间的客户伦理。满足顾客的一切合理需求是企业生存的基础。顾客是企业的上帝,是企业存在的重要价值。客户伦理中最主要的是服务伦理,服务的特质包括不可分割性、易逝性、异质性与无形性。

(4) 企业与政府间的政商伦理。企业的发展离不开政府政策的支持,企业不但要遵守政府制定的政策,而且要配合政府做出的政策。

(5) 企业与社会间的社会责任。企业与社会是分不开的,企业无法脱离社会而独立运作。企业管理人员要重视社会公益,提升企业形象,要做到企业发展与环境保护之间的平衡,做到取之于社会、用之于社会。

(6) 企业与同业间的竞争伦理。企业间的竞争要公平合法,杜绝散播谣言、窃取商业机密等不正当竞争行为。

二、企业组织形式的类型

新创企业可以选择的组织形式有多种,主要有个人独资企业、合伙企业、有限责任公司(包括一人有限责任公司)和股份有限公司等几种。

在企业注册之前,创业者应对适合企业的法定组织形式、创建条件及程序有一定的了解,如设立条件及申办场点等;要在熟悉这几种法定组织形式法律特征的基础上,结合自身条件选择一个最适合自己的企业组织形式。从《中华人民共和国公司法》(以下简称《公司法》)所规定的设立条件看,股份有限公司明显不适合于微小型企业采用。如表6-1所示列出了适合新创企业的各种组织形式。

表6-1 适合新创企业的组织形式及特征

序号	组织形式	特征	优点	缺点	相应法规
1	个人独资企业	最普遍、最简单的企业组织形式，适用于规模小、无需高技术含量的企业。如零售行业、服务所等	① 企业设立、转让和解散等行为手续简便，仅向登记机关登记即可，且费用低；② 创业者拥有对企业的控制权；③ 企业经营灵活性强，可迅速对市场变化做出反应；④ 利润归创业者所有，不需与他人分享；⑤ 只需缴纳个人所得税，无须双重纳税；⑥ 在技术和经营方面易于保密	① 创业者承担无限责任；② 不易从企业外部获得信用资金，筹资困难；③ 企业寿命有限，易随着创业者的退出而消亡；④ 企业的成功更多地依赖创业者的个人能力；⑤ 创业者投资的流动性低	《中华人民共和国个人独资企业法》
2	合伙企业	自然人、法人和其他组织在中国境内设立的普通合伙企业和有限合伙企业，由各合伙人订立合伙协议，共同出资，合伙经营，共担风险，并对合伙企业债务承担无限连带责任的营利组织。一般适用于规模较小的行业企业。如广告、律师事务所等	① 企业设立较简单和容易；② 企业经营具有高度的灵活性；③ 企业资金来源较广，信用度较高；④ 企业拥有一个整体团队的能力	① 合伙人承担无限连带责任；② 财产转让困难；③ 融资能力有限，企业规模受限；④ 企业任因有关合伙人的意外或退出而解散；⑤ 在合伙人对企业经营有分歧时，决策困难	《中华人民共和国合伙企业法》
3	有限责任公司	又称有限公司，指符合法律规定的股东出资组建，股东以其出资额对公司承担相应责任，公司以其全部资产对公司的债务承担责任的企业法人。适用于中小企业	① 股东对公司只承担有限责任，风险小；② 公司具有独立寿命，易于存续；③ 公司所有权与经营权分离，聘任经理人管理，能适应市场竞争；④ 以出资人的出资额为公司形成有效的治理结构；⑤ 促进公司产权结构有利于科学决策；⑥ 多元化产权能纳多投资人，促进资本集中；⑦ 可吸纳多投资人，促进资本集中	① 公司设立程序比复杂，费用较高；② 税收负担较重，存在双重纳税问题；③ 不能公开发行股票，筹集资金的规模与渠道受限；④ 产权不能充分流动，资产运作受限	《公司法》
4	一人有限责任公司	一般用于个人创业及技术型创业	① 设立比较便捷；② 运营与管理成本较低	① 公司运营较困难；② 筹资能力受限；③ 缺乏信用体系；④ 财务审计条件较严格	《公司法》

三、企业组织形式的选择

根据创业者的实际情况，新创企业可以选择不同的组织形式，或者由一个独立体创办单一业主制企业，或者由几个人创办合伙企业，或者成立法人公司制企业。无论选择怎样的组织形式，都必须根据国家的法律法规要求，科学衡量各种组织形式的利弊，采用合适的组织形式。

（一）不同形式企业中创业者的权利与义务比较

1. 个人独资企业

个人独资企业由自然人个人投资建立，其所有权属于投资者个人，投资者对该企业拥有绝对的管理、处置和收益权。投资者在个人独资企业的各项权利受到法律的保护：任何单位和个人不得违反法律、行政法规的规定，以任何方式强制个人独资企业提供财力、物力、人力；对于违法强制企业提供财力、物力、人力的行为，个人独资企业有权拒绝；任何侵犯个人独资企业及个人独资企业投资者合法权益的行为，将会受到法律的制裁。

在个人独资企业的责任方式上，基于投资者与企业的密切联系，其个人财产与企业财产紧密相连，个人独资的所有者应当就个人独资企业的债务承担无限连带责任。当企业的财产不能够偿还企业债务时，所有者必须以个人的其他财产承担偿还债务的责任。

2. 合伙企业

合伙企业是由两个或两个以上合伙人通过订立合伙协议而建立的企业。因此，合伙人对企业的权利和义务主要体现在对内、对外关系两个方面。

（1）对内关系。

对内关系主要由合伙协议确定，即合伙人之间、合伙人与合伙企业之间的权利义务关系。一般表现在以下两个方面：

① 合伙人享有的权利：亲自管理或选举代表管理企业事务的权利、决定企业重大事务的权利、了解企业财务和经营状况的权利、对企业事务提出异议的权利、分配企业利润的权利、退出合伙企业的权利。合伙人对企业权力的大小及行使的方法一般都在合伙协议中做出约定，合伙人之间的关系应当严格按照合伙协议及有关的法律加以认定。

② 合伙人承担的义务：合伙人不得自营或者同他人合作经营与本合伙企业相竞争的业务；除合伙协议另有约定或者经全体合伙人同意外，合伙人不得同本合伙企业进行交易。此外，代表其他合伙人执行合伙企业事务的合伙人，在经营合伙企业时，还应当尽到合理的义务。如果因其故意或者重大过失，给合伙企业造成损失的，依法承担赔偿责任。

（2）对外关系。

对外关系即合伙人与第三人之间的权利义务关系。一般情况下，合伙人的个人财产与合伙企业的财产不发生联系，合伙人不对合伙企业与第三人的行为承担义务。但是作为例外，当合伙企业的债务过高，企业财产不足以清偿到期债务时，合伙人的个人财产与企业的财产就发生了联系，各合伙人应当就企业的债务承担连带责任。值得注意的是，各合伙人承担连带责任的清偿比例应当按照合伙协定对利润和损失的分配比例来计算。合伙人由于承担连带责任，所清偿数额超过其应当承担的数额时，有权向其他合伙人追偿。

同样，合伙人与其债权人的债务关系，并不等同于企业与合伙人之债权人的债务关系。合伙企业中某一合伙人的债权人，不得以该债权抵销其对合伙企业的债务；合伙人个人负有债务，其债权人不得代为行使合伙人在合伙企业中的权利。合伙人个人财产不足以清偿其个人所负债务的，该合伙人只能以其从合伙企业中分取的收益用于清偿；债权人也可以依法请求人民法院强制执行该合伙人在合伙企业中的财产份额用于清偿。

3. 有限责任公司

有限责任公司的组织形式，表现为公司财产与股东的个人财产严格分离，公司股东只就其出资额为限对公司承担责任，而公司以其全部资产对公司的债务承担责任。因此，创业者在有限责任公司的权利更体现为一种对内的股东权利。其主要表现如下：

有限责任公司股东会由全体股东组成，股东会是公司的权力机构，享有广泛的权利。

股东有权查阅股东会会议记录和公司财务会计报告。股东按照出资比例分取红利。公司新增资本时，股东可以优先认缴出资。但股东在公司登记后，不得抽回出资。股东之间可以相互转让其全部出资或者部分出资。股东向股东以外的人转让其出资时，必须经全体股东的半数以上同意；不同意转让的股东应当购买该转让的出资，如果不购买该转让的出资，视为同意转让。经股东同意转让的出资，在同等条件下，其他股东对该出资有优先购买权。

因为有限责任公司的规模一般较小，多数情况下，有限责任公司的股东也会担任公司的董事长、总经理等高级管理职务，此时，该股东就享有了对公司内部事务的管理权、公司外部事务的代表权，也享有依据其工作而获得报酬及其他福利的权利，但同时也承担受股东会监督、忠实勤勉履行管理职责的义务。

（二）不同法律形式企业的利弊比较

不同的企业制度不仅在法律形式与规定方面有较大的差别，而且其适用程度随创业者选择的新企业的法律形式的不同有很大变化。因此，有必要对创业者所选择的各种法律形式企业进行利弊比较分析。

1. 新创企业启动成本方面

对于白手起家的创业者而言，启动成本无疑是创建企业的第一屏障。越复杂的组织形式，创办成本也越高。相比较而言，费用最少的是个人独资企业。对于合伙企业组织形式，除注册企业外还要订立合伙协议，会涉及如专业中介机构的咨询成本及谈判成本等。有限责任公司和股份有限公司的组织形式，相对来讲比较"昂贵"，因为在成立前需要履行一系列法律所规定的程序，不可避免地会产生一系列费用。

2. 新创企业稳定性方面

无论对创业者、投资者还是消费者，企业能否长久地存续，是否能够健康稳定地发展，都是他们最关心的问题。个人独资企业完全是基于创业者个人能力、资金等因素而建立起来的，如果创业者死亡或个人情况发生改变，独资企业的稳定性就会发生动摇。而在合伙企业中，合伙人之间的信任是建立合伙企业的基础，合伙人之一的死亡、退出或信赖基础的丧失都可能导致合伙企业结束。《中华人民共和国合伙企业法》对入伙和退伙做出了具体的规定。有限责任公司与股份有限公司组织形式，由于董事会在公司治理中起到十分重要的督导作用，在各种企业形式中拥有最好的稳定性，股东的死亡或退出对企业的连续性基本上不产生影响。

3. 企业权益可转让性方面

所有者对于企业的权益是否容易转让决定着所有者财产的流动程度。当利润一定时，创业者都会努力持有流动性高的资产，反之亦然。在个人独资企业里，创业者有权随时出售或转让企业的任何资产。在合伙企业中，除非合伙协议允许或其他合伙人同意，合伙人一般不能出售企业的任何权益。而在有限责任公司与股份有限公司中，股东在出售企业的权益方面有很大的自由。特别是股份有限公司，一般股东可以在任何时间不经其他股东同意就转让自己的股份。当然，由于股权分置等历史原因，我国的《公司法》对股份有限公司的股份转让规定了某些限制，如：发起人持有的本公司股份，自公司成立之日起3年内不得转让。公司董事、监事、经理应当向公司申报所持有的本公司的股份，并在任职期间内不得转让。

4. 企业获得增加资金方面

一般而言，新创企业增加资金的机会和能力依据企业形式的不同存在很大的区别。对个人独资企业而言，任何新资金只能来自一些贷款和创业者个人的追加投资。合伙企业可以从银行借贷，也可以要求每个合伙人追加投资或者吸收新的合伙人。而有限责任公司与股份有限公司则有很多途径可以增加资金，比其他法律形式的企业有更多的选择渠道。股份有限公司可以发行股票、债券或者直接向银行贷款等。

5. 企业管理控制方面

在许多新创企业中，创业者希望尽可能多地保留对公司的控制权。每种企业形式都给管理控制和决策责任带来不同的机会和问题。在个人独资企业中，创业者有最大的控制权，可以灵活制定企业决策。在合伙企业中，一般由合伙人根据合伙协议协商解决日常及关键性问题。而有限责任公司与股份有限公司的日常业务控制权掌握在职业经理的手中，但大股东却有权投票决定公司较重要的长期决策。按照公司制的设计要求，公司中的管理权和控制权进行了适当的分离。

6. 利润与损失分配方面

毋庸置疑，利润最大化和损失最小化是创业者的目标，因此利润与损失分配问题也是创业者选择企业法律形式时需要着重考虑的问题。个人独资企业的业主取得企业经营中的所有利润，同时他们也要为经营中所有损失承担无限责任；合伙企业的利益与损失的分配取决于合伙人出资的份额或合伙协议；有限责任公司与股份有限公司一般严格按照股东的出资比例分配利润和承担损失。

7. 筹资吸引力方面

由于个人独资企业和合伙企业对企业的债务承担无限责任，因此任何债务性融资对他们来讲都是经过慎重考虑后进行决策；相对而言，股份有限公司和有限责任公司仅对企业的债务承担有限责任，因此，无论是债务性融资还是权益性融资都对公司的吸引力很大。当然，公司实力越优越，筹资就越容易。

延伸阅读 6-1

《合伙人协议范本编辑》（案例）

第一章 总 则

第一条 依照《中华人民共和国合伙企业法》及其他有关法律、法规，经全体合伙人协商一致，达成本协议。

第二条 全体合伙人应自觉遵守本协议，违约者应依据法律、法规和本协议的约定承担违约责任。

第二章 合伙目的和合伙企业的经营范围

第三条 合伙目的（略）

第四条 合伙企业经营范围及方式（略）

第三章 合伙企业名称和地址

第五条 合伙企业名称（略）

第六条 合伙企业地址（主要经营场所的地点）（略）

第四章 合伙人的姓名及住址

第七条 合伙企业合伙人共____人。

姓名_____ 住址_____ 身份证号码_____

第五章 合伙人出资的方式、数额和交付出资的期限

第八条 合伙人出资的方式、数额如下：

合伙人姓名_____ 出资方式_____ 数 额_____ 评估作价（元/人民币）_____ 评估方式_____

第九条　合伙人应在＿＿＿年＿＿＿月＿＿＿日前交付出资。

第十条　合伙企业存续期间，合伙人依照合伙协议的约定或者经全体合伙人决定，可以增加对合伙企业的出资，用于扩大经营规模或者弥补亏损。

第六章　合伙企业的财产

第十一条　合伙企业存续期间，合伙人的出资和所有以合伙企业名义取得的收益均为合伙企业的财产。

合伙企业的财产由全体合伙人依法共同管理和使用。

第十二条　合伙企业进行清算前，合伙人不得请求分割合伙企业的财产，但《中华人民共和国合伙企业法》另有规定的除外。

第十三条　合伙企业存续期间，合伙人向合伙人以外的人转让其在合伙企业中的全部或部分财产份额时，须经其他合伙人一致同意。

合伙人之间转让在合伙企业中的全部或者部分财产份额时，应当通知其他合伙人。

第十四条　合伙人依法转让其财产份额的，在同等条件下，其他合伙人有优先受让的权利。

第十五条　经全体合伙人同意，合伙人以外的人依法受让合伙企业财产份额的，经修改合伙协议即成为合伙企业的合伙人，依照修改后的合伙协议享有权利，承担责任。

第十六条　合伙人以其在合伙企业中的财产份额出质的，须经其他合伙人一致同意。未经其他合伙人一致同意，合伙人以其在合伙企业中的财产份额出质的，其行为无效，或者作为退伙处理，由此给其他合伙人造成损失的，依法承担赔偿责任。

第七章　合伙企业事务的执行

第十七条　合伙企业的议事方式（略）。

第十八条　合伙人对合伙企业有关事项的表决方式（略）。

第十九条　经全体合伙人协商确定的合伙人执行合伙企业事务。

执行合伙企业事务的合伙人，对外代表合伙企业。

第二十条　执行合伙事务的合伙人应当每个月向其他不参加执行事务的合伙人报告一次，报告内容包括：事务执行情况、合伙企业的经营状况和财务状况。

第二十一条　不参加执行合伙企业事务的合伙人，有权监督执行事务的合伙人，检查其执行合伙企业事务的情况。

第二十二条　合伙人为了解合伙企业的经营状况和财务状况，有权查阅账簿。

第二十三条　合伙人可以对其他合伙人执行的事务提出异议；提出异议时，应暂停该项事务的执行，如果发生争议，可由全体合伙人共同决定。

被委托执行合伙企业事务的合伙人不按照合伙协议或者全体合伙人的决定执行事务的，其他合伙人可以决定撤销该委托。

第二十四条　合伙人执行合伙事务所产生的收益归全体合伙人，所产生的亏损或者民事责任由全体合伙人承担。

第二十五条　合伙企业的下列事务必须经全体合伙人同意。

（一）处分合伙企业的不动产。

（二）改变合伙企业名称。

（三）转让或者处分合伙企业的知识产权和其他财产权利。

（四）向企业登记机关申请办理变更登记手续。

（五）以合伙企业名义为他人提供担保。

（六）聘任合伙人以外的人担任合伙企业的经营管理人员。

（七）依照合伙协议约定的有关事项。

第二十六条　合伙人不得自营或者同他人合作经营与合伙企业相竞争的业务。非经全体合伙人同意，合伙人不得同本合伙企业进行交易。合伙人不得从事损害本合伙企业利益的活动。

第八章　利润分配、亏损分担及债权债务

第二十七条　合伙人对合伙企业利润的分配比例（略）。

第二十八条　合伙人对合伙企业亏损的承担比例（略）。

第二十九条　合伙企业每月结算一次，对前一时期的利润分配或者亏损分担的具体方案由全体合伙人根据第二十七条和第二十八条协商确定并记录在案。

第三十条　合伙企业对其债务，应先以其全部财产进行清偿。合伙企业财产不足清偿到期债务的，各合伙人应当承担无限连带清偿责任。

第三十一条　以合伙企业全部财产清偿合伙企业债务时，其不足的部

分，由各合伙人按照本协议二十八条约定的比例，用其在合伙企业出资以外的自有财产承担清偿责任。

合伙人由于承担连带责任，所清偿数额超过其承担的数额时，有权向其他合伙人追偿。

第三十二条　合伙企业中某一合伙人的债权人，不得以该债权抵销其对合伙企业的债务。

第三十三条　合伙人个人负有债务，其债权人不得代位行使该合伙人在合伙企业中的权利。

第三十四条　合伙人个人财产不足清偿其个人所负债务的，该合伙人只能以其从合伙企业中分取的收益用于清偿；债权人也可以依法请求人民法院强制执行该合伙人在合伙企业中的财产份额用于清偿。

对该合伙人的财产份额，其他合伙人有优先受让的权利。

第九章　入伙及退伙

第三十五条　新合伙人入伙时，应当经全体合伙人同意，并依法订立书面入伙协议。

订立入伙协议时，原合伙人应当向新合伙人告知原合伙企业的经营状况和财务状况。

第三十六条　入伙的新合伙人与原合伙人享有同等的权利，承担同等责任，入伙协议另有约定的，从其约定。

入伙的新合伙人对入伙前合伙企业的债务承担连带责任。

第三十七条　合伙协议约定合伙企业的经营期限的，有下列情形之时，合伙人可以退伙。

（一）合伙协议约定的退伙事由出现。

（二）经全体合伙人同意退伙。

（三）发生合伙人难以继续参加合伙企业的事由。

（四）其他合伙人严重违反合伙协议约定的义务。

第三十八条　合伙协议未约定合伙企业的经营期限的，合伙人在不给合伙企业事务执行造成不利影响的情况下，可以退伙，但应当提前三十日通知其他合伙人。

第三十九条　合伙人死亡或者被依法宣告死亡的，对该合伙人在合伙企业中的财产份额享有合法继承权的继承人，依照合伙协议的约定或者经全体合伙人同意，从继承开始之日起即取得该合伙企业的合伙人资格。

合法继承人不愿意成为该合伙企业的合伙人的，合伙企业应退还其依法继承的财产份额。

合伙继承人为未成年人的，经其他合伙人一致同意，可以在其未成年时由监护人代行其权利。

第四十条 合伙人退伙的，其他合伙人应当与该退伙人按照退伙时的合伙财产状况进行结算，退还退伙人的财产份额。

退伙时有未了结的合伙企业事务的，待了结后进行结算。

第四十一条 退伙人在合伙企业中财产份额的退还办法，由合伙协议约定或者由全体合伙人决定，可以退还货币，也可以退还实物。

第四十二条 退伙人对其退伙前已发生的合伙企业债务，与其他合伙人承担连带责任。

第四十三条 合伙人退伙时，合伙企业财产少于合伙企业债务的，退伙人应当按照本协议相关约定分担亏损。

第十章 合伙企业解散、清算

第四十四条 合伙企业经营期限____年。

第四十五条 合伙企业有下列情形之一时，应当解散。

（一）合伙协议约定的经营期限届满，合伙人不愿继续经营。

（二）合伙协议约定的解散事由出现。

（三）全体合伙人决定解散。

（四）合伙人已不具备法定人数。

（五）合伙协议约定的合法目的已经实现或者无法实现。

（六）被依法吊销营业执照。

（七）出现法律、行政法规规定的合伙企业解散的其他原因。

第四十六条 合伙企业解散，清算人由全体合伙人担任；未能由全体合伙人担任清算人的，经全体合伙人过半数同意，可以自合伙企业解散十五日内指定一名或数名合伙人或者委托第三人，担任清算人。

（以下内容略）

第二节　新企业注册流程

设立新企业的第一步是公司注册。一般来说，公司注册的流程包括企业核名、提交材料、领取执照、刻章。完成公司注册后，企业想要正式开始经营，还需要办理银行开户、税务登记、申请税控和发票、社保开户等事项。

随着"五证合一"改革的推行，现在开设企业的流程简化了许多。新企业设立流程从工商注册到正式运营简化为办理"五证合一"、刻章、银行开户、税务登记。

一、"五证合一"工商注册

自2016年10月1日起，"五证合一"在全国正式实施。

"五证合一"指营业执照、税务登记证、组织机构代码证、社会保险登记证、统计登记证，合并为一个加载有统一社会信用代码的工商营业执照，实现"一照一码"的最终目的。其中，"一照"指"五证"合为一张营业执照；"一码"指营业执照上加载的市场监管部门直接核发的统一社会信用代码（图6-1）。

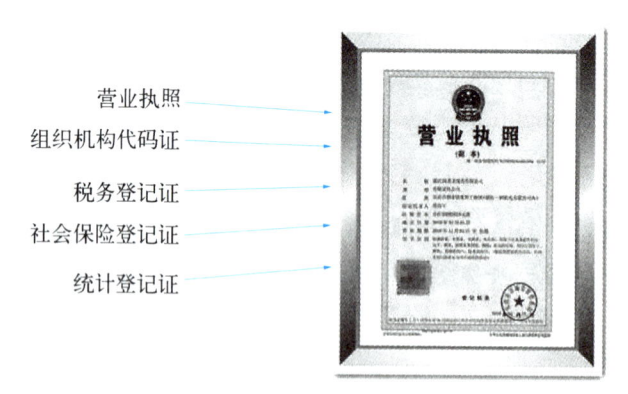

图6-1　"五证合一"的营业执照

（一）"五证合一"的办理流程

随着"五证合一"的推行，新办企业的工商注册变得简单。与以前的办证流程相比,"五证合一"减少了在不同部门来回奔走审核资料的烦琐,可以直接在办证大厅的多证合一窗口办理业务(图6-2)。当然,"五证合一"同样需要企业首先进行企业名称预先核准,然后填写《新设企业五证合一登记申请表》,审核企业相关材料。

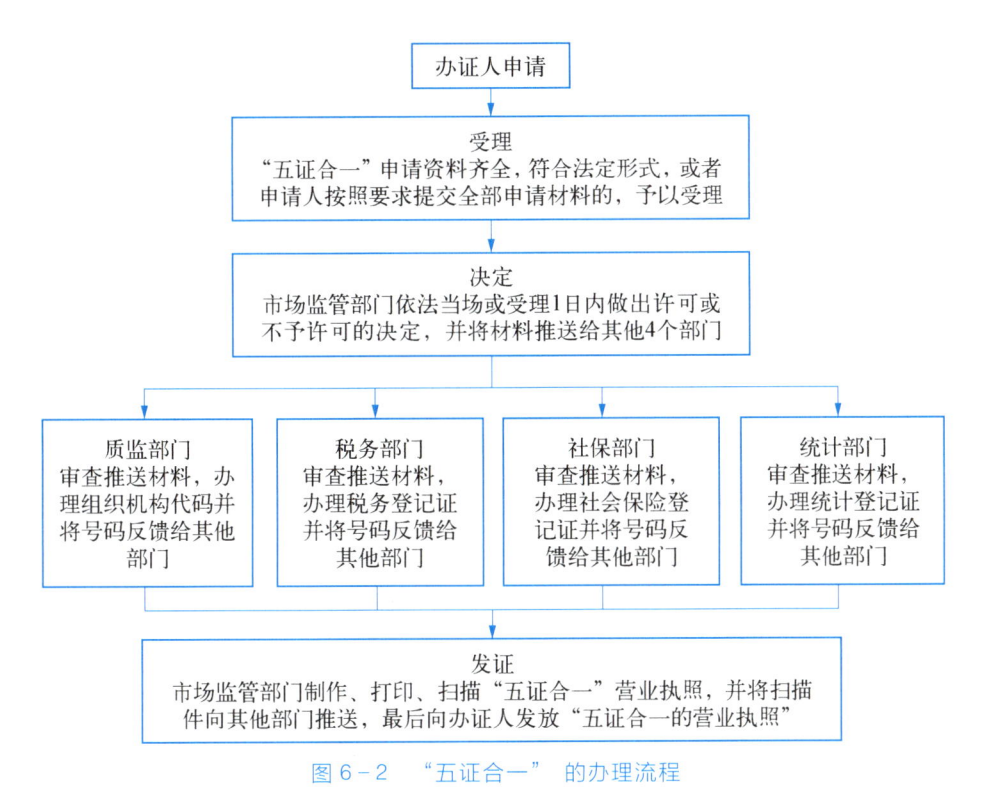

图6-2 "五证合一"的办理流程

1. 企业名称预先核准

首先,需要进行企业核名,核名时首先要选择企业形式,企业形式包括有限责任公司、股份有限公司、合伙企业、个人独资企业等。其次,准备最多五个公司名称,到市场监管部门领取《企业名称预先核准申请书》,在其中填写准备申请的公司名称、注册资本、公司主体类型、住所地、投资人等信息,由市场监管部门上网检索是否有重名,如果没有重名,便会核发《企业名称预先核准通知书》。

2. 审核领证

办证人通过工商网报系统填写《新设企业五证合一登记申请表》,然后持审核通过后打印的《新设企业五证合一登记申请表》,前往大厅多证合一窗口。

窗口核对信息、资料无误后，将信息导入工商准入系统，生成工商注册号，并在"五证合一"打证平台生成各部门号码，补录相关信息。同时，窗口专人将企业材料扫描，与《工商企业注册登记联办流转申请表》传递至质监、国税、地税、社保、统计五部门，由五部门分别完成后台信息录入。最后打印出载有五个证号的营业执照。

（二）"五证合一"办证资料归纳

就新设企业而言，要想顺利完成"五证合一"的办证流程，需要准备的资料有以下几种。

（1）法定代表人身份证原件，全体股东身份证复印件。

（2）各股东间股权分配情况。

（3）《企业名称预先核准通知书》原件。

（4）市场监管部门审核通过的公司经营范围资料。

（5）企业住所的租赁合同（租期一年以上）一式二份及相关产权证明（非住宅）。

（6）如果企业为生产型企业，还要有公安局消防科的消防验收许可证。

（三）"五证合一"换证须知

对于非新设立企业而言，不需要重新办理营业执照，只需进行"五证合一"的换证操作即可。换领"五证合一"营业执照时，需要用到的资料有：① 企业营业执照更换申请书；② 联络员信息和财务负责人信息；③ 营业执照正、副本。

二、刻制印章

印章具有法律效力，不能随意刻制。新成立的企业申请刻制企业相应的印章时，须持营业执照复印件、法定代表人和经办人身份证复印件各 1 份，以及由企业出具的刻章证明、法人代表授权委托书到公安局指定的机构进行刻章。一般来说，企业常用的印章有如下几种。

（1）公章：公章代表企业的最高效力。它对内对外都代表了企业法人的意志，使用公章可以代表企业对外签订合同、收发信函、开具企业证明。

（2）合同专用章：合同专用章在企业对外签订合同时使用，相关合同的签订在企业经营签约范围内必须盖上合同专用章才能最后生效，因此它代表着企业应承受由此产生的权利和义务，一般情况下，公章可以代表合同专用章使用。

（3）财务专用章：财务专用章的用途比较专业化，一般针对企业会计核算和银行结算业务使用。

（4）法人章：法人章就是企业法人的个人用章，它对外具备一定的法律效力，可以签订合同出示委托书文件等。

（5）发票专用章：发票专用章就是企业在经营活动中购买或开具发票时需加盖的印章。当然，在发票专用章缺少时，可以用财务专用章代替，反之不可以。

三、开立企业银行账户

创业者要创办一家企业，往往需要通过银行进行资金周转和结算，这就不可避免地要和银行打交道，因此，创业者要了解银行开户、销户等手续的办理流程。

（一）银行账户的种类

按照国家现金管理和结算制度的规定，每个企业都要在银行开立结算账户（即结算户），用来办理存款、取款和转账结算。银行存款结算账户分为以下几种。

1. 基本存款账户

基本存款账户是企业的主要存款账户，主要用于办理日常转账结算和现金收付，以及存款企业的工资、奖金等现金的支取。该账户的开立须报当地人民银行审批并核发开户许可证，开户许可证正本由存款单位留存，副本交开户行留存。一个企业只能在一家商业银行的一个营业机构开立一个基本存款账户。

2. 一般存款账户

一般存款账户是企业在开立基本存款账户之外的银行开立的账户。该账户只能办理转账结算和现金的缴存，不能办理现金的支取业务。

3. 临时存款账户

临时存款账户是企业的外来临时机构或个体工商户因临时开展经营活动需要开立的账户。该账户可办理转账结算及符合国家现金管理规定的现金业务。

4. 专用存款账户

专用存款账户是企业因基本建设、更新改造或办理信托、政策性房地产开发、信用卡等特定用途开立的账户。该账户支取现金时，必须报当地人民银行审批。

（二）银行开户手续的办理

办理银行开户手续需要填写开户申请书并提供有关证明文件。开立不同的账户，所需材料也不同，具体如下。

（1）基本存款账户：当地市场监管部门核发的企业法人执照或营业执照正本。

（2）一般存款账户：基本存款账户的开户人同意其独立核算单位开户的证明。

（3）临时存款账户：当地市场监管部门核发的临时执照。

（4）专用存款账户：有关部门批准的文件。

（三）银行销户手续的办理

开户人可以根据需要撤销在银行开立的存款账户。开户人撤销存款账户时，应与银行核对账户余额，经银行审查同意后，办理销户手续。销户时，企业应交回剩余的重要空白凭证和开户许可证副本。办理银行销户手续时应遵循以下规定。

（1）一般存款账户余额不得超过企业在开户银行的借款余额，超过部分开户行将通知开户单位 5 日内将款项划转至基本存款账户，逾期未划转的，银行将主动代为划转，一般存款账户借款清偿后要办理销户。

（2）临时存款账户的使用期限不得超过 1 年，超过 1 年的将予以销户。

（3）企业销货款、异地汇入款项中除基建或专项工程拨款外的非专项资金不得进入专用存款账户。

（4）开户人改变账户名称的应先撤销原账户，再开立新账户。

（5）开户行对 1 年内未发生收付活动的企业账户，将对开户人发出销户通知，开户人应当自收到通知之日起 30 日内（以邮戳日为准）到开户行办理销户手续，逾期不办理将视为自愿销户。

四、办理税务登记

新设立企业领取由市场监管部门核发的一个加载法人和其他组织统一社会信用代码的营业执照（即"五证合一"营业执照）后，虽然无须再次进行税务登记，办理税务登记证，但仍需要前往税务机关办理相应的后续事项，才能进行正常缴税。首先，新办企业纳税人需要办理国地税一户通，国地税一户通实际上是企业、银行与税务机关三方签订的扣款协议，用于企业网上申报税扣款。办理方法比较简单，到税务机关的办公点（行政服务中心地方税务局登记窗口、各属地主管税务机关）取得《委托银行划缴税（费）款三方协议书》（一式三份），加盖本企业公章后，到银行开设缴税（费）专用账号（一般就是企业的基本存款账户），银行在协议书上盖章并退回两联。纳税人将银行盖章的协议书送到主管税务机关办理划缴税（费）登记手续。其次，新办企业在办完首次涉税业务后，应按期持续申报，这是企业要注意的关键事项。

第三节　新创企业的管理

如果说识别创业机会是启动创业，新创企业则是对商业模式设计和创业计划的实际检验。对于新创企业的管理，不能照搬大公司的管理模式，而是要在了解和把握初创企业特殊性的前提下，思考初创企业的管理问题。

新企业初创阶段，企业的生存能力还比较弱，企业的财务资源、人力资源、技术水平、治理结构和管理制度都十分有限，在品牌等无形资产的占有上几乎是一片空白，新企业的生存发展很容易受到既有企业的影响，并且其内部要素组合中有较多摩擦，从而可能导致不同方向的发展变化。在此阶段，企业的首要任务是在市场中生存下来，努力让消费者认识和接受自己的产品。

一、新创企业管理的特殊性

新创企业的生存期是一个全新的过程，面对外部环境变化和内部管理的挑战，创业初期的企业必然经历一个从形成、震荡、成熟到成功的过程，因此新创企业的管理要不断尝试，实现从小到大，从弱到强。在这个过程中有以下几个重要特征：

（一）以独立生存为首要目标

在创业阶段，生存是第一位的，一切围绕生存运作，一切危及生存的做法都应避免。新创企业的首要任务是从无到有，把自己的产品或服务卖出去，掘到第一桶金，从而在市场上找到立足点，使自己生存下去。

在创业阶段，企业很可能经历多次"亏损、赚钱、又亏损、又赚钱"的过程，直到最终持续稳定地赚钱，才算是度过了创业的生存阶段。因此，新创企业必须探索出成功的生存模式，这是新创企业管理的本质所在。只有这样才能保证企业度过创业的生存阶段，助力创业企业超越已有的竞争对手，实现盈利。我们最忌讳的是在创业阶段提出不切实际的扩张目标，盲目铺摊子、上规模，结果只能是"企者不立，跨者不行"。

（二）以保障现金流为重点

在新企业的财务管理中，现金对于其他资源的获取和整合起着至关重要的作用。在初创阶段融资渠道尚未充分利用的情况下，绝对不能承受现金流的中断，一旦出现赤字，企业将发生偿债危机，可能导致破产。现金流的大小直接反映企业的赚钱能力，创业阶段，由于融资条件苛刻，新企业只能主要依靠自有资金运作来创造现金流，从而使管理的难度大为增加。

（三）以团队管理为核心

新企业在初创时，往往由于机会导向，并且缺乏系统的制度安排，创业活动的非程序性和随机性比较明显，看似混乱的情况，实际是一种高度有序状态。创业者会尽力在新企业的管理层树立团队意识，团队中每个人都清楚组织的目标和自己应当如何为组织目标的实现服务，没有人计较得失，没有人计较越权或越级，相互之间只有角色的划分，没有职位的区别。因此，以团队为核心的创业管理是新企业成功的关键所在，它关注的是创新和效率，能更好地应对环境变化。

（四）以自我参与管理为细节

与规模较大的企业不同，在新企业初创期，由于人员紧缺，管理层级较少，创业者往往不得不直接安排生产、销售等经营活动（如亲自到银行对账，亲自策划新产品方案，亲自向客户推销产品，亲自谈判，甚至亲自接受顾客的当面指责）。创业者这种亲力亲为、亲自示范的行为，有利于对经营全过程的细节全面掌握，也使员工获得巨大的精神力量。有时，这种亲自参与细节运作的方式，甚至是某些新企业必不可缺少的管理方式。但是，随着创业的成功和创业过程的结束，创业者如果仍然亲力亲为，过度注重细节，则可能忽视决定企业长远发展的战略规划与实施。

（五）以贡献社会为愿景

创业者的企业在创造利润、对股东利益负责的同时，还要承担起对企业利益相关者（企业的员工、消费者、供应商、社区、环境等多个领域）的责任，保护其权益，以获得在经济、社会、环境等多个领域的可持续发展能力。企业得以可持续经营，仅仅考虑经济因素对股东负责是远远不够的，必须同时承担相应的环境责任和社会责任。明白这一点，创业者的企业经营理念会自觉地从"为自己"扩展到"为员工"，最后发展成"为国家""为社会"。

创业故事 6-1

徐州"90后"大学生卖米线创业成功后不忘回馈社会

创业仅两年，"90后"大学生刘大白的徐州云香米线店和徐州中正电子科技有限公司已经获得了超过 50 万元的营业额。创业成功的她不忘回馈社会，支持大学生创业。

2013 年，21 岁的刘大白从北京理工大学毕业后，在徐州一家商贸公司上班。后来，一心想创业的她辞职，以大学生创业的名义，在徐州淮海文化科技产业园大学生创业园申请了两间免费办公室，并注册了徐州中正电子科技有限公司。

经过一年的经营，她拥有的两个微信公众号粉丝量均突破了7万人。粉丝多了，广告收入也多了，仅此一项，她每月的收入在2万元以上。经过艰苦创业，她掘取了人生第一桶金。成功所带来的喜悦并没有让刘大白感到满足，她开始筹划新的目标。她和一个拥有调制米线秘方的朋友合伙，开设了云香米线店。

她的米线店除销售卤鸡爪、鸡翅、猪蹄、牛肉，还有徐州人爱吃的把子肉，再加上米线店装修风格新颖、服务热情、干净卫生，于是吸引了大量食客。一传十、十传百……都说她家的米线好吃。

现如今，刘大白在徐州米线行业内已小有名气，不少人想加盟，但都被她婉言拒绝，因为她想将这个机会留给那些想要创业的大学生。

"现在，有的大学生创业时，也将目标'锁定'在餐厅这个行业上，但由于加盟费太高等，只好打消了这个念头。"刘大白说，凡是打算开米线店的大学生，只要主动找上门来，她都会对其进行技术指导，且不收取任何费用。

除此之外，为了扶持贫困大学生创业，她还设置了"大学生创业基金"，以此来资助贫困大学生创业。为了解决资金问题，她每销售一碗米线，将拿出两块钱存入"大学生创业基金"。

经过几个月的积攒，基金里已有了3万多元。刘大白说："凡是符合条件的大学生，均可向我公司提出资金申请。审核通过后，会以现金形式发放。整个过程公开、透明，并邀请社会各界知名人士监督。"

刘大白说，她的上述做法招来了不少闲言碎语，有人说她傻，还有人说她有其他企图。她倒不这样认为，她觉得自己的成功，离不开政府和社会各界的帮助。"当初我陷入困境的时候，若得不到帮助，很难渡过难关。现在条件好了，应该回馈社会。"

中国矿业大学教授张如成说："目前，政府对大学生创业扶持力度很大，有利于大学生创业。刘大白创业成功后不忘回馈社会，说明她怀有一颗感恩之心，值得学习。同时，她的创业故事，能够给其他大学生创业者带来一定的启发，用感恩之心坚持走成功之路。"

思考：

如何看待创业者创业成功后为社会做贡献的行为？

二、新创企业管理的模式

企业在创办初期，往往以生存管理为基础，以销售目标为导向，以内部积累为主要资金来源，以群体管理为基本特征，以"人治"为典型的管理模式。

（一）以生存管理为基础

企业创办是一个从无到有的过程，在这个过程中，一切都具有很大的不确定性，企业随时会面临破产清算的风险。因此，如何生存下来便是每一个创业者每天都要思考的问题。企业的一切会围绕生存运作，任何危及生存的做法都应该避免。为此，企业应尽量做到以收抵支、即时偿债，即以产品或服务取得现金抵补日常的经营支出，并且及时偿还到期债务。

（二）以销售目标为导向

新企业要在市场上立足，就需要尽快得到客户的认可，将提供的产品或服务销售出去。因此，创业初期，企业经常是以销售为导向，将产品销售作为企业的导向，以扩大市场占有率为核心。为此，包括创业者在内的多数人都要出去销售产品或服务，通过各种人际关系及宣传争取客户，以取得第一桶金，为未来的发展打基础。

（三）以内部积累为主要资金来源

创业初期较高的不确定性带来的高风险和企业缺乏相应可抵押资产的状况，使创业企业从外界取得债权资金比较困难；另外，初创企业获得理想的估值与既有企业相比难度较大，缺乏可供参考的经营信息和投资报酬率的估计，外部的股权融资也难以取得。创业企业只能依靠企业自身创造现金流，靠产品或服务的销售产生现金流入；获利的企业，也往往不会进行利润分配，而是将大部分利润留存下来作为经营资金的补充。

（四）以群体管理为基本特征

创业初期，创业团队虽然会有内部分工，但由于人少事多，往往会使企业的工作开展难以严格按照分工执行，往往是一人兼数职，哪里有需要就在哪里填空缺。大家在分工的基础上更强调合作，更多依靠员工的热情和团队精神完成任务。为此，创业者应充分认识员工之间在知识、信息、资源和能力等方面的互补性，结合其各自最擅长的领域进行相应分工，同时应充分发挥每一位员工的优势，强化员工之间的彼此合作。

（五）以"人治"为典型的管理模式

创业初期，创业者会深入企业的每个角落，参与企业运作的每个环节，因此对企业的经营状态和经营过程有全方位的了解，在业务上也非常精通。此时，创业者的个人能力和人格魅力是激发员工主动性与创造性的利器，企业的运作和秩序维护主要靠创业者自身的特质，企业管理呈现出典型的"人治"模式。因此，创业者应不断强化其自身的业务能力、领导魅力和管理能力，尽早形成创业团队的目标共识，建立顺畅的内部沟通机制和协调机制，为企业可持续发展打好制度基础。

三、新创企业管理的内容

（一）新创企业战略管理

企业在创业初期，企业战略和市场的正确定位能帮助小企业尽快发展。新创企业在创业初期常采用以下三种策略：

1. 差异性弥补策略

新创企业要本着"人无我有，人有我优"的原则，寻找市场空白，凭借自身灵活性抢占既有企业生产的空缺，明确适合自身发展的市场定位。新创企业要突出自身特色，在夹缝中寻找自己的市场，捡漏补缺。产品差异化策略不仅能使新创企业在市场竞争中得以生存，同时还能实现盈利，把握生存和发展的机遇。

2. 基于客户需求的服务策略

对于创业初期的小企业，服务到位至关重要。创业者要时刻了解客户的真正需求，做到急客户所急，想客户所想，尽最大可能帮助客户解决问题，关注困扰客户的每一个细节。从服务开始，挖掘客户目前的真正需求，以灵活、及时、到位的服务客户提升企业的市场竞争力。

3. 基于专业化优势规避竞争的策略

创业初期，企业力量还不够大，在与大企业的竞争中可能难以取得长足发展，创业者只有凭借企业自身优势，取长补短，依附并利用大企业的资源来发展自己，才能创业成功。如从事某种工艺的加工处理，成为大企业生产中的某一环节，达到规模经济的要求，将有限的资源最大限度地集中在某一特定的细分市场或某一产品上，以大企业的优势弥补小企业的不足，既可以使创业者避开与大企业竞争的市场压力，也可以集中自己的力量发挥专业化优势，为企业创业和生存提供可靠的基础。

（二）新创企业组织管理

企业组织管理是指在企业内部建立健全管理机构、合理配备人员、制定各项规章制度等管理工作。具体来说，就是在共同目标指导下，企业按照一定的规则和程序组织责权机构和进行人事安排，其目的在于确保以最高的效率实现企业的目标。在新创企业中，基本的组织管理模式一般包括：功能部门管理模式、项目制管理模式。

1. 功能部门管理模式

功能部门管理是按工作职能（平行结构）组织起来的管理模式，是最常见的基本管理模式，如图6-3所示。它是通过建立一定的功能部门，形成特定的企业组织结构，对各功能部门规定职务或职位，明确责权关系，以使企业各部门成员互相协作配合、共同劳动，有效实现企业目标。

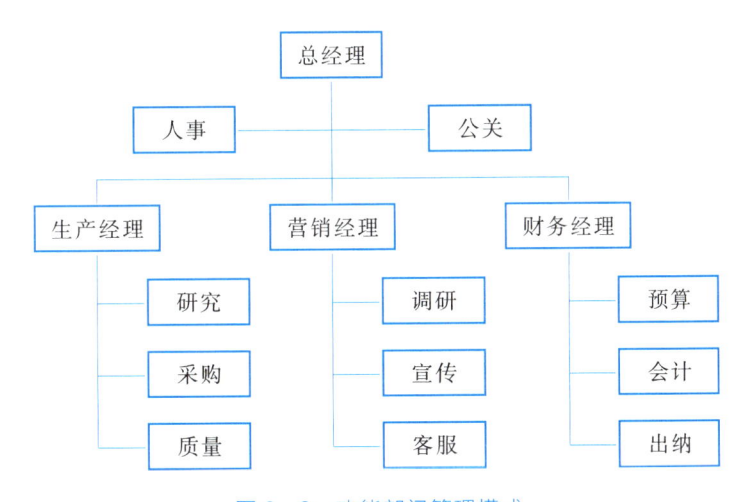

图6-3 功能部门管理模式

功能部门管理的工作内容主要包括：

（1）确定实现企业目标所需要的活动，并按专业化分工的原则进行分类，按类别设立相应的工作岗位。

（2）根据企业的特点、外部环境和目标需要划分功能部门，设计组织及其结构。

（3）规定企业组织机构中的各种职务或职位，明确各自的责任，并授予相应的权力。

（4）制定规章制度，建立和健全企业组织机构中纵横各方面的相互关系。

功能部门管理应该明确企业中有什么工作、谁做什么，工作者应承担什么责任、具有何种权力、与组织结构中上下左右的关系，等等。只有这样，才能避免由于职责不清造成的执行障碍，才能使组织协调地运行，确保组织目标的实现。每一个公司的部门分配一般是不一样的，它与这个公司的业务范围、发展阶段相联系，既稳定又灵活。

2. 项目制管理模式

项目制管理是以任务（垂直结构）为中心组织起来的管理模式，是以项目经理负责制为基础的目标管理。这种管理是按项目对象划分的系统管理方法，通过一个临时性的专门的柔性组织，对项目进行高效率的计划、组织、指导和控制，以实现项目全过程的动态管理和项目目标的综合垂直协调与优化（图6-4）。

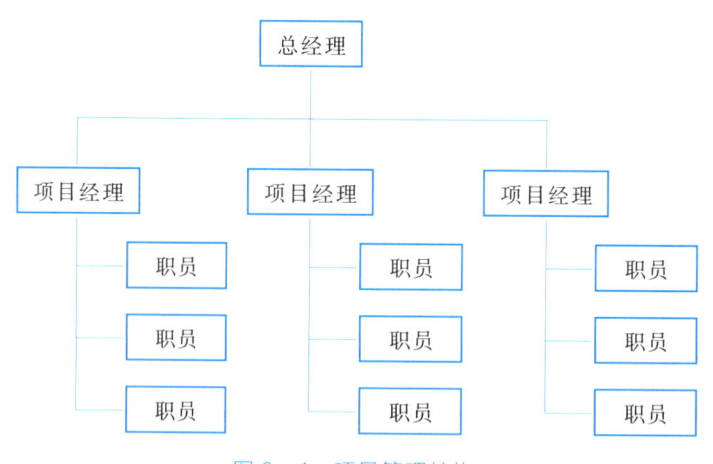

图6-4 项目管理结构

项目管理的主要任务一般包括项目计划、项目组织、质量管理、费用控制、进度控制五项。日常的项目管理活动通常也是围绕这五项基本任务展开。项目管理一般适用于特定行业的初创企业，此类企业业务的灵活性、不确定性很强，专业程度一般比较高，如技术类、咨询类公司，以及摄影或设计工作室等。其在发展到规模较大，对经营管理的日常性、规范性要求较高的阶段之后，一般还是应建立一定的功能部门式的管理规范，但在承接具体业务时，仍可根据实际情况采用项目制运作。

（三）新创企业人力资源管理

创业初期人力资源管理的主要特点体现在以下几个方面：首先，企业规模小，组织结构层次简单，决策权在主要创业者手中，决策过程简单，只要经营者制订出可行性方案，就可迅速执行；其次，决策与执行环节少，决策集中高效，执行快速有力，针对市场变化能够快速做出反应；最后，企业在创业初期的人财物、产供销、机构设置、生产方式、经营形式、利益分配、规章制度及人员使用都由企业自主决定，机构精简、决策自主、反应灵敏、工作效率高，尤其在用人机制方面，创业企业有充分的用人自主权，能够吸引大批的人才加盟。

新创企业的管理者为使企业得到快速发展，为了让员工对他们的工作与所服务的公司感到满意，并努力地、渐进地提高这种满意感，调动员工的积极性，应做好以下几方面的工作：

1. 良好的工作环境

良好的工作环境包括较理想的工资收入、良好的工作条件以及健康保险等。企业的员工需要承担企业破产的风险，企业有义务为员工解除后顾之忧。良好的工作环境还包括一些隐性的特征，如为员工提供明确、持续的指导，并为他们提供开展工作所必需的各种资源。近些年来，员工把公司可以提供的弹性工作时间也看作衡量工作条件的一项标准，如果公司不能很好地关心员工，那么员工也就不会很好地为公司服务。

2. 多渠道的成长机会

成长的机会使员工感到安全，其表现形式多种多样。对于不同的员工，成长机会代表着不同的含义，或者是晋升，或者是工作丰富化。但创业者需要转变一个错误观念，即仅仅为员工提供稳定的工作和适度的退休金，员工就会感到安全。员工的安全感还来自他们在工作中掌握的各种技术与能力，公司为员工提供学习技术和能力的机会越多，就越能调动员工主动学习的积极性，同时公司为员工提供的保证未来安全的帮助也就越大。

3. 成功机会的利益分享

小企业所提供的工资水平总是比不上大企业，更为不利的是，小企业面临失败、被兼并和被收购的风险更大。事实上，小企业的员工也承担公司的一部分经营风险，一旦企业倒闭，他们的生活也就没了保证。因此，只有让员工分享企业的成功才是公平的办法。一些优秀的小企业采用利润分享机制，即让员工持股，这是一种很好地让员工参与利润分享的方法。

（四）新创企业财务管理

1. 规范记账方法

记账方法是指根据记账凭证，把公司所发生的经济业务（或会计事项），采用特定的记账符号并运用一定的记账原理（程序和方法），登记在账簿中的技术方法。

出纳人员为了对会计要素进行核算，反映和监督企业的经济活动，按一定原则设置了会计科目，并按会计科目开设了账户之后，就需要采用一定的记账方法将会计要素的增减变动登记在账户中。

按照登记经济业务方式的不同，记账方法可分为单式记账法和复式记账法。复式记账法又因其机构要素的不同而分为借贷记账法、增减记账法和收付记账法。借贷记账法是目前世界上通用的记账方法。收付记账法和借贷记账法都是由单式记账法逐步发展、演变而来的。

我国现行税收会计采用"借贷记账法"。这是以税务机关为会计实体，以税收资金活动为记账主体，以"借""贷"为记账符号，运用复式记账原理反映税收资金运动变化情况的一种记账方法。其会计科目划分为资金来源和资金占用两大类。它的所有账户分为"借方"和"贷方"，"借方"记录资金占用的增加和资金来源的减少，"贷方"记录资金占用的减少和资金来源的增加。

税收会计的记账规则是：对每项税收业务，都必须按照相等的金额同时记入一个账户的借方和另一个账户的贷方，或一个账户的借方（或贷方）和几个账户的贷方（或借方），即"有借必有贷，借贷必相等"。

2. 重视成本控制原则

成本控制是一个复杂的系统学科，对于众多小本创业者来说，有成本控制的想法是很重要的。与此同时，应重视成本控制中的以下几个原则：

（1）经济原则。

因推行成本控制而发生的成本不应超过因缺少控制而丧失的收益。有些企业为了赶时髦，不计工本，搞了一些华而不实的烦琐手续，效益不大，甚至得不偿失。经济原则很大程度上决定了在重要领域中选择关键因素加以控制。经济原则要求能降低成本，纠正偏差，具有实用性。

（2）因时制宜原则。

我们对于不同类型、不同行业、不同发展阶段的企业的管理重点、组织结构、管理风格、成本控制方法和奖励形式都应当有所区别，适用于所有企业的成本控制模式是不存在的。例如，新企业的重点是销售和制造，而不是成本；正常经营后管理的重点是经营效率，要开始控制费用并建立成本标准；扩大规模后管理重点转为扩充市场，要建立收入中心和正式的业绩报告系统；规模庞大的老企业，管理重点是组织的巩固，需要周密的计划和建立投资中心。

（3）全员参与原则。

领导层要具有完成成本目标的决心和信心，不可好高骛远，更不要急功近利；要以身作则，严格控制自身的责任成本。员工要养成控制成本的意识与节约习惯，学习业务，正确理解和使用成本信息，据以改进工作，降低成本。

3. 现金管理

为确保新创企业的现金流健康、顺畅，需按照以下六个方法来改善现金流：

（1）为客户开发产品或项目时，向他们收取预付金，让他们而不是企业自身，为该项目提供资金。

（2）设置一个交货后全部收回账款的期限，比如要求在交货后 30 天内或 60 天内付款，尽可能快地收回资金。

（3）和供应商谈判，争取获得 30 天或更长的付款期限，先从顾客那里收到钱，再付款给供应商。

（4）预先设置一个收款的程序。如果顾客延期付款，就要不断催款。

（5）银行的贷款利息通常要比供应商收取的滞纳金要少。在紧急情况下，不妨向银行贷款，还清供应商的钱，这也能在短期内弥补现金流的不足。

（6）恰当运用收账代理机构服务，不必等 30 天或 60 天，立即就可以拿到现金。但是使用代收服务需要支付费用，在使用代收服务前，要先考虑哪种方式更划算。

（五）新创企业市场营销

1. 寻找目标市场

成功的创业者能够成功，关键因素之一是他们找到了目标市场，识别了市场上消费者的真实需求，并且能够提供相应的产品或服务来满足消费者的需求，解决他们的困扰。

（1）识别真实需求。真实的需求指顾客存在未解决的问题，而现有的产品或服务又不能提供一种解决方案。相对于现有的产品或服务，如果新产品或服务能够更好地解决消费者的问题，那么就有真实需求。

创业者判断是否是真实需求一般遵循四个步骤：第一，寻找消费者不满意的地方或者未被解决的问题，这是消费者真实需求的信号；第二，提出解决这个问题的方案；第三，解决方案的经济性，向消费者提供所需要的产品或服务时，只有存在消费者愿意接受并且创业者有盈利的空间，创业者才能获得真实需求，创业才有意义；第四，就是识别出可能替代已存在的或者很快就会出现的其他一些创业方案。

（2）评估消费者的偏好。创业者在启动新事业时，通常需要从潜在消费者处获得相关信息；这时，要运用各种方法，比如焦点小组法、调查研究法、与现有消费者和替代品的消费者进行直接交流、与行业专家讨论、研究行业发展趋势等。

2. 市场动态

在创建企业和投入新产品或服务之前，创业者一定要充分了解、熟悉将要进入的市场，获得充分的信息，才能采取正确的市场战略。

（1）市场规模与成长。成长快的市场有利于创业者通过满足潜在消费者的需求，使新企业实现快速成长。市场的快速发展意味着存在大量的潜在客户，有助于创业者利用规模经济来降低创业成本。

（2）把握市场时机。产品具有生命周期，产品生命周期对创业者开发的新产品进入市场的能力有重要影响。与可选择的现有产品相比，新产品在质量、可靠性和业绩等很多方面存在劣势，这就需要新企业不断改进产品性能，提高产品质量，这个不断改进的过程就是一个学习过程。

3. 人员销售

人员销售是指创业者通过与消费者直接互动，销售产品或服务的活动过程。在新企业的起始阶段，最重要的是劝说消费者购买新产品或服务。因此，了解哪些活动会影响新企业营销的有效性至关重要。成功、有效的人员销售必须达到以下目的：首先，激发消费者对新产品或服务的兴趣；其次，识别消费者为了购买这种新产品或服务会有什么要求；最后，正确解答消费者在使用新产品中存在的疑问。

4. 合理定价

对于新创企业而言，产品价格的制定必须始终围绕三个主要目标：维持经营、当期利润最大化和市场占有率最大化。新创企业在选择定价目标时，应结合企业的实际情况，综合考虑市场需求量、企业产品的特点、企业实力与竞争对手力量对比等情况，以一个目标为主，兼顾其他目标。

四、新创企业管理的技巧

新创企业的成长与发展是一个动态过程。在这一过程中，创业者要不断学习，强化思考，要带领企业不断向前发展。在新创企业中，一般有如下管理技巧：

第一，创业者以身作则，团结员工，树立良好个人和企业形象。首先，创业者要以身作则，遵守公司的各项制度，起到表率作用，这样员工才能够信服。创业者不应该为所欲为，不遵守纪律。其次，创业者要关心员工，在日常工作中多注意发现员工的问题和需要，并尽力帮助员工解决问题，团结员工。最后，创业者要树立良好的个人和企业形象，使公司经营良好，构建员工利益分配机制，让每个员工能够真正理解其意义并为公司努力工作。

第二，创业者要创新思维。创业者必须创造性地思考，从而在工作中培养新的思路和方法。创新思维需要从不同的角度考虑问题，有时需要从其他利益相关者的角度考虑问题。此外，创新思维也意味着鼓励整个团队发挥创造性思维。创业者需要建立一个可自由思考的开放空间，鼓励不同员工在工作时间参观开放空间，以培养他们的创新思维。

第三，利用优点。利用优点是指利用现有的优点，而不是那些需要重新建立和开发的优点。但现实中，很多管理者总是致力于与之相反的方面，即开发新的优点，而不是发挥现有的优点。如果这样，即使管理方法很有技巧，看上去也很科学，但造成的管理失误却是无法弥补的。在新创企业中，各方面资源都相对匮乏，这时要尽可能利用现有的人力、物力和财力资源创造更大的价值。

第四，充分授权，留住骨干。管理方法不改进，老板事事亲力亲为的公司，团队成员一般很难超过15人。一个人能力强，可直接管理七八个人；能力一般，则只能直接领导四五个人。各个国家效率最高的组织就是军队，看看军队的组织结构：一个班十一二个人，除班长外还有一个副班长，三个班一个排，三个排一个连，依此类推。团长领导一千多人，可能只认识其中一部分人。团长看见某个士兵有问题，一般不会批评士兵，他只会批评士兵所在营的营长，营长则再批评连长，一级管理一级，最后由班长来处理士兵的问题。所以军队尽管有千军万马，依然能做到令行禁止。在新企业管理发展过程中，要充分授权给管理者，充分授权不会失去管理的主动权，是要最大限度地激发员工潜能。新企业员工状况可能很不稳定，这时候要善于留住骨干员工，可以采取发展骨干员工入股的方法，将公司股份买一送一，半价销售给骨干员工，五年内退股者只退还本金，五年以上退股成倍赎回，每年拿出一定比例的利润分红。

第五，学会说"不"。人们讲究情面，"不"字很难说出口，而老板又是公司的最后一道关口，有时不得不说"不"。有时公司的不少规定都有特殊情况，但在原则问题上老板一定要站稳立场，规定面前人人平等，当老板该说"不"时就说"不"，有很多公司就因为老板顾及情面，盲目给别人担保或随意借款给别人，结果自己公司倒闭了。当老板不对自己的公司负责，别人是不会为其公司着想的。

第六，做好财务管理。财务制度一定要健全并要严格执行，公司员工不断增加，人员素质参差不齐，如果财务制度上有漏洞，难免有人会加以利用并侵蚀公司利益，因此，任何小的财务漏洞都应予以弥补。同时，原始凭证极为重要，记住半年前每一笔花销的细节很难，附一张规范的原始凭证可以弥补这一点。财务制度自有其道理，有时看起来连老板的自由也限制了，但财务人员是否配齐，财务制度是否健全正是企业和个体户的重要区别之一。比如，在管理上可以这样处理，凡业务员交回现金，都由当班出纳现场收好并验明真伪，然后开具现金收据交给业务员，收据上写明金额、交款人、客户名称、日期并由交款人签字确认。业务员将收据的其中一联交给会计做账，会计每天根据现金收据对公司现金结存进行盘点。规定凡当班出纳收到业务员交回的支票后，必须在业务员工作单上签字确认，而业务员事先也须在工作单上注明所交支票的情况，如有纠纷，随时备查，一环套一环，责任明确。

思考题

1. 根据创业计划书为新创企业选择合适的组织形式，并进行可行性分析。
2. 对你拟创办的企业所选择的地址进行可行性分析。
3. 为你拟创办的企业编写相关的部分文件，如合伙协议、发起人协议。
4. 分析新创企业的管理模式及其特殊性。
5. 为你拟创办的新企业制定营销管理制度、财务管理制度和人力资源管理制度。

第七章 创业政策

【学习目标】

1. 了解企业经营相关法律知识。
2. 熟悉大学生创业政策。

案例导入

钟荣康的创业心经

从一个成长于农村的青涩学子,到两个公司的负责人;从获得他人资助的贫困学生,到资助学弟完成学业的爱心人士。他就是东华理工大学化学生物与材料科学学院 2017 届材料化学专业毕业生钟荣康——南昌德康文化传播有限公司创始人、总经理,江西爱尚策划创意有限公司总经理,他用大学四年的时间完成了人生的转变。

钟荣康出生在一个贫困的农村家庭,上大学后,一边积极参加社团活动,在班级、校学生会、院学生会任学生干部;一边又参加各种兼职,获取一些经济补贴,减轻家庭的负担。虽然自己是学材料化学专业的,但他对经济管理类知识充满兴趣,他经常看相关的书籍和网站。尤其是当"大众创业、万众创新"的号角在校园吹起时,他更是按捺不住不甘平庸的心,开始了他的第一次创业。

机会总是留给那些有准备的人,大一下学期,钟荣康发现男女生"告白"中蕴含着无限的商机,抱着试试看的心理,他花了半个月的时间为一位同学成功策划了一场告白。这虽然是一次不赚钱的活动,但却使得他对活动策划与执行产生了浓厚的兴趣,也坚定了他开办公司的想法。想法毕竟是想法,真正创业还是有许多困难需要解决,其中启动资金就是一个难题。要做一家值得信任的公司,办公场地、基本设备、服装等都是必需的，再节俭也不能少于 4 万元，可对于一个农村来的孩子，到哪里去筹集这笔钱呢？

他想到了国家为鼓励大学生创业而提供的小额贷款服务，经过认真咨询办理程序，他顺利地获取了 3 万元的小额无息贷款，同时，他申请入驻了学校的创业孵化园，免费解决了办公场所的问题，这样他的业务就可以开展了。大学期间，他成功承接与策划多场大型招聘会、元旦晚会、毕业酒会、同学聚会、求婚仪式等，获得客户的好评。大学毕业前，他的公司年收入已经达到 400 多万元。

后来，他选择了自己喜欢和熟悉的行业——文化传媒，创办了南昌德康文化传播有限公司。为了节省创业成本，工商注册、租写字楼、办公场所设计装修等工作，他都亲力亲为，边学边做，虽然苦，但事业还比较顺利。由于没有经验，在上交财务报表和核税方面还是出了问题，第一个月就因报税迟差点被税务部门罚款。经过两年时间的运营，公司在红谷滩万达中心租赁了写字楼，年营业额近五百万元。成长后的他并没有忘记帮助过他的人，他还主动联系家庭贫困的学弟，资助学弟完成学业。他承诺，今后将在经济上帮助更多的学弟学妹。

他说，创业的路上，他得到了学校和社会提供的帮助，他也希望尽自己的一份力量帮助成长中的学弟学妹们。创业往往把光鲜的外表留给别人，而把工作的辛苦留给自己，自己选择的，就不轻言放弃。感谢自己的团队，感谢帮助过自己的人，带着感恩去创业，不孤单。

思考：

如何看待创业政策对创业的影响？

第一节 企业的相关法律和责任

创业者必须了解并处理好一些重要的法律和伦理问题。创业涉及的法律和伦理问题相当复杂。创业者需要认识到这些问题，以免由于早期的法律和伦理失误而给新企业带来沉重代价，甚至使其夭折。创业者一般不会有意触犯法律，但往往会高估他们所掌握的与创建和经营新企业相关的法律知识，或者缺乏伦理意识。

在企业的创建阶段，创业者面临的法律问题包括：确定企业的形式、设立适当的税收记录、协调租赁和融资问题、起草合同，以及申请专利、商标或版权的保护。在每一个创建活动中，都有特定的法律和法规决定创业者能做什么和不能做什么。因此，创业者必须熟悉相关法律法规。

大学生创业选择合适的企业法律形态非常重要，这将影响到企业的法律环境和要承担的法律责任。所有创业者都要按照国家法律开办和经营企业，并承担相关的法律责任。企业只有登记注册，才能受国家法律保护。在创办和经营企业的过程中，创业者要遵守《中华人民共和国税法》（以下简称《税法》）、《中华人民共和国公司法》（以下简称《公司法》）、《中华人民共和国劳动法》（以下简称《劳动法》）、《中华人民共和国环境保护法》（以下简称《环境保护法》）等相关法律法规。

一、企业创办相关的法律知识

国家为使所有公民和企业能在公平、和谐的环境中竞争和发展，制定了各类法律法规。它们是规范公民和企业经济行为的准则，具有权威性、强制性、公平性。依法办事是公民和企业的责任。

国家出台的法律很多，但和创业者及创业企业直接有关系的只有一部分。大学生在创业过程中不必了解所有内容，但需要知道哪些法律和哪些内容与新创企业有关。

与新创企业直接相关的基本法律如表7-1所示。

表7-1 与新创企业直接相关的基本法律

相关法律法规	相 关 基 本 内 容
企业法	《公司法》《中华人民共和国个人独资企业法》《中华人民共和国合伙企业法》《个体工商户条例》《中华人民共和国外商投资法》《中华人民共和国乡镇企业法》等

续　表

相关法律法规	相关基本内容
《中华人民共和国民法典》	个体工商户、农村承包经营户、个体合伙、企业法人、联营、代理、产权所有权、财产权、债权、知识产权、民事责任等
《劳动法》	促进就业、劳动合同和集体合同、工作时间和休息休假、工资、职业安全卫生、女职工和未成年工特殊保护、职业培训、社会保险和福利、劳动争议、监督检查等
《中华人民共和国反不正当竞争法》	假冒或伪造他人的注册商标、未经许可使用知名商品名称、产地、包装、认证标志等

与企业相关的其他法律有：《中华人民共和国会计法》《税法》《中华人民共和国消费者权益保护法》《中华人民共和国反不正当竞争法》《中华人民共和国保险法》《中华人民共和国环境保护法》等。

同时，国家制定管理条例和许可证制度是为了形成良好市场的机制，保证营造一个健康、有效、高速发展的创业环境。而违法相关管理条例，不仅会受到一定经济损失，严重的还有可能承担刑事责任。

创办企业及特定行业管理相关条例和许可证相关制度如表7-2所示。

表7-2　创办企业及特定行业管理相关条例和许可证相关制度

相关条例和许可证	相关基本内容
《中华人民共和国公司登记管理条例》	公司进行依法登记，营业执照应置于醒目位置等
《特种行业管理条例》	主要包括旅馆业、拍卖业、娱乐场所、印章刻制业、典当业、复印行业等
餐饮服务许可证	对食品生产环节、食品流通环节及餐饮服务环节的监管
公共卫生许可证	公共场所卫生标准和有关规定
消防许可证	主要包括影剧院、礼堂等演出放映场所，娱乐城、夜总会、茶座和餐饮酒吧场所，洗浴中心，室内娱乐场所等

在市场经济规则越来越完善的环境中，创业者要知道法律不仅对企业有约束的一面，也给企业以法律保护。遵纪守法、诚信经营的企业才能立足和持续发展，这样的企业将获益匪浅，如可以得到客户的信任、供应商的合作、职工的信赖及竞争对手的尊重；同时，遵守法律的企业，也会得到政府

的支持和保护。

大学生从创业开始,就要树立守法经营的观念,为自己营造一个良好的生存空间。

二、依法纳税

依法纳税是公民和单位应尽的义务。税收是国家财政收入的主要来源,取之于民,用之于民。根据我国《税法》规定,所有企业都要依法报税和纳税。

社会经济活动是一个连续运动的生生不息的过程,包括生产、流通、分配、消费。国家对生产流通环节征收的税种统称流转税,它以销售收入或营业收入为征税对象,包括增值税、营业税和海关关税等;对分配环节征收的税种统称所得税,它以生产经营者取得的利润和个人的利益为征税对象,包括企业所得税、个人所得税等。这是最基本的两个税种。

具体而言,与企业和企业主有关的主要税种如下:

(1) 增值税。
(2) 企业所得税。
(3) 个人所得税。
(4) 消费税。
(5) 城市维护建设税。
(6) 教育费附加税。
(7) 其他税种。

三、尊重员工的合法权益

企业竞争力的一个关键因素就是员工的素质和积极性。在劳动力流动加快和竞争加剧的形势下,优秀的劳动者越来越成为劳动力市场上竞争的重要资源。因此,新创企业一开始就要特别重视以下四个方面的问题:

(一) 订立劳动合同

《中华人民共和国劳动合同法》规定,用人单位必须与劳动者签订劳动合同。劳动合同是劳动者与企业签订的确立劳动关系、明确税法权利和义务的协议。订立劳动合同对双方都产生约束，不仅保护劳动者利益，也保护企业利益，它是解决劳动争议的法律依据，绝对不能嫌麻烦或者为了眼前的利益而设法逃避。

劳动合同的基本内容有：

（1）工作职责、定额、违约责任。

（2）工作时间。

（3）劳动报酬（工资种类、基本工资、奖金、加班、特种工作补贴等）。

（4）休息时间（周假、节假日、年假、病假、事假、产假、婚丧假等）。

（5）社会保险、福利。

（6）合同的生效、解除、离职、开除。

（7）劳动争议处理。

一般各地都有统一的劳动合同文本，有关信息可以从当地人力资源和社会保障部门获得。

（二）劳动保护和安全

尽管创业初期资金紧张，企业也要尽量创造良好的工作条件，防止工伤事故和职业病发生，做好危险和有毒物品的使用和存储，改善光、音、气、温、行、居等条件，以保证员工人身安全并提高他们的工作效率和积极性。

（三）劳动报酬

企业定的工资不能低于本地区人力资源和社会保障部门规定的最低工资标准，而且必须按时以货币形式发给劳动者本人。有关最低工资标准的信息可以从当地人力资源和社会保障部门获得。

（四）社会保险

国家制定的保险法规要求企业和员工都要参加社会保险，按时足额缴纳社会保险费，使员工在年老、生病、因公伤残、失业、生育等情况下得到补充或基本保障。为员工办理社会保险对企业来说具有强制性。

目前我国的社会保险主要有养老保险、医疗保险、失业保险、工伤保险和生育保险。办理社会保险的具体程序和要求可到当地人力资源和社会保障部门查询。

四、商业保险

经营一家企业总会有风险。各类企业的风险有差异，并非所有的企业风险都能投保。例如，产品需求下降这种企业最基本的风险，就只能由企业自己承担；而另一些风险则可以通过办理商业保险来防范，如预防机器、存货、车辆被盗窃，资产发生意外。

企业的保险险种通常包括：

（1）财产保险——如机器、库存货物、车辆、厂房的防盗险，水险，火险，商品运输险，等等。

（2）人身保险——业主本人和员工的商业医疗保险、人身事故保险、人寿保险等。

第二节　大学生创业政策

当前，国家及地方政府出台了一系列政策促进大学生创新创业。大学生创业，充分用好、用足政策，可以在很大程度上降低创业者的创业难度。优惠政策多，范围广泛，按具体内容可以分为平台项目吸纳政策、税收减免政策、政策性贷款、行政事业类收费减免、创业培训、创业补贴及落户政策等；按惠及对象可以分为中小企业发展扶持政策和大学生创新创业优惠政策；按政策制定主体可以分为国家相关创新创业政策和各级地方政府相关创新创业政策。

> **创业故事 7-1**
>
> **大学生创业支持政策　助推大学生创业**
>
> 何永群，云南省迪庆香格里拉沃夫农林开发有限责任公司董事长，曾入围第十一届"全国农村青年致富带头人"人选和全国民族团结进步模范个人人选。在 2019 年 5 月 13 日的全国就业创业工作暨普通高等学

校毕业生就业创业工作电视电话会议上，何永群作为高校毕业生就业创业代表，在云南昆明分会场介绍了她一路走来的创业历程。

2015年还在云南大学攻读硕士学位的何永群了解到教育部下发的《关于做好2015年全国普通高等学校毕业生就业创业工作的通知》中，要求各高校建立弹性学制，允许在校生休学创业，创业实践可以认定一定的学分；于是决定休学回迪庆创业。

2015年，在其研究生导师建议下，何永群对豪猪养殖业做了充足的市场调研。豪猪全身都是宝，肉可以食用，瘦肉率高达95%，高蛋白，低胆固醇，被称为动物人参；其刺和胃可以入药，也可以加工成工艺品；它的市场空间非常大，但当时全国市场只有10万头豪猪，远远无法满足市场需求。

2015年，何永群拿出了自己前些年的所有积蓄注册成立迪庆香格里拉沃夫农林开发有限责任公司（简称沃夫公司），主要经营范围为豪猪销售、农产品回收、加工。积蓄没多久就花光了，她了解到国家在支持大学生创新创业方面出台了贴息创业担保贷款政策，她就申请了10万元创业担保贷款，引进了第一批102只豪猪种苗。经过一年的悉心照料，何永群养殖的豪猪数量增加到300多只。

2016年，何永群带着她的豪猪养殖项目参加了第三届中国青年创新创业大赛，获得了现代农业初创组银奖，同时也得到了490万元的天使投资支持。

为了扩大业务，何永群主动联系当地政府部门，迪庆市人社局为何永群的公司提供了创业园的办公场地，公司免费入驻两年，水电费全免。何永群还与所在乡镇达成协议，由村集体整合帮扶资金建设豪猪圈舍，建好后由沃夫公司派大学生团队进行管理运营，贫困户用产业资金入股公司参与分红。

自此，何永群带领沃夫公司开始探索"公司+政府合作社+建档立卡贫困户保险公司+渠道销售商"的可复制、可推广的产业扶贫模式。

2018年5月国务院扶贫办对贫困地区创业致富带头人的扶持培养政策，为沃夫公司带来了发展腾飞的"风口"。国务院扶贫办社会扶贫司、开发指导司和全国扶贫宣教中心，在广东佛山举办了全国东西扶贫协作贫困村创业致富带头人示范培训班，何永群抓住机会，主动参加了培训，邀请相关领域的扶贫专家到沃夫公司进行调研指导，专家手把手帮助她设计了发展路径和模式，并吸纳了1 823.6万元的豪猪产业扶持资金及政策支持。有了政府支持、发展资金、政策扶持、业务指导等多项支持，豪猪养殖扶贫产业如源头活水，已带动云南省8个地州、15个乡镇26个合作社进行豪猪养殖，直接带动114人就业，间接带动2 450人就业，存栏豪猪有一万余头，成为中国豪猪行业的领军企业，实现了示范性的社会效益。

思考：

企业政策对大学生创业的支持主要体现在哪些方面？

一、税收优惠政策

持人社部门核发的《就业创业证》（注明"毕业年度内自主创业税收政策"）的高校毕业生在毕业年度内（指毕业所在自然年，即1月1日至12月31日）创办个体工商户、个人独资企业的，3年内按每户每年8 000元为限额依次减免其当年实际应缴纳的营业税、城市维护建设费、教育费附加税和个人所得税。

二、创业担保贷款和贴息

符合条件的自主创业的大学生，可在创业地按规定申请创业担保贷款，贷款额度为10万~30万元。国家对合伙经营和组织起来就业的大学生，根据实际需要适当提高贷款额度。国家鼓励金融机构参照贷款基础利率，结合风险分担情况，合理确定贷款利率水平；对个人发放的创业担保贷款，在贷款基础利率的基础上上浮3个百分点以内的，由财政部门给予贴息。

三、费用减免与相关补贴

毕业两年以内的普通高校毕业生从事个体经营（除国家限制的行业外）的，自在市场监管部门首次注册登记之日起 3 年内，免收管理类、登记类和证照类等有关行政事业性收费；对大学生创办的小微企业新招用当年高校毕业生，签订一年以上劳动合同并交纳社会保险费的，给予一年社会保险补贴；对大学生在毕业学年（即从毕业前一年的 7 月 1 日起的 12 个月）内参加创业培训的，根据其获得培训合格证书或就业、创业情况，按规定给予培训补贴；有创业意愿的大学生，可免费获得公共就业和人才服务机构提供的创业指导服务。

另外，在校大学生、毕业五年内的大专及以上学历的国家全日制普通高校毕业生，进行创业还可以享受一次性创业补贴。

四、创新创业教育政策

（1）在培养机制方面，自主创业的大学生可参与各地各高校实施的系列"卓越计划"、科教结合协同育人行动计划等；同时，享受跨学科专业开设的交叉课程、创新创业教育实验班等教学资源。

（2）在课程设置方面，自主创业的大学生可享受各高校挖掘和充实的各类专业课程与创新创业教育资源，享受各地区、各高校共享的视频公开课等在线开放课程资源。高校实行在线开放课程学习认证和学分认定制度，面向全体学生开设就业创业指导等方面的必修课和选修课。

（3）在实践平台方面，自主创业的大学生可共享学校面向全体学生开放的大学科技园、创业园、创业孵化基地、教育部工程研究中心、各类实验室、教学仪器设备等科技创新资源和实验教学平台；可参加全国大学生创新创业大赛、全国高职院校技能大赛和各类科技创新、创意设计、创业计划等专题竞赛，以及高校学生成立的创新创业协会、创业俱乐部等社团，提升创新创业实践能力。

（4）在教学制度方面，各高校建立了自主创业大学生创新创业学分累计与转换制度。学生开展创新实验、发表论文、获得专利和自主创业等情况可折算为学分，学校将学生参与课题研究、项目实验等活动认定为课堂学习的新探索。

（5）在学籍管理方面，高校实施弹性学制，放宽学生修业年限，允许学生调整学业进程、保留学籍休学创新创业。

五、创业指导服务

自主创业的大学生可享受各地各高校对自主创业学生实行的持续帮扶、全程指导、一站式服务，以及地方、高校两级信息服务平台，它们为学生实时提供国家政策、市场动向等信息和创业项目对接、知识产权交易等服务。

优惠政策涉及范围广，各地政策具有差异，大学生在创业时应科学利用创新创业政策。

首先，要把握政策的时效性。大学生要特别注意新政策文件对旧政策文件的更新、补充和完善；也要注意各项优惠政策的具体内容的期限。例如，高校毕业生创办个体工商户、个人独资企业要享受税费减免政策，应在毕业年度内（指毕业所在自然年，即1月1日至12月31日）实施创业计划。大学生从入学到毕业的一定时间内，不同阶段能够享受到不同种类和内容的政策优惠。

其次，要把握政策的地域性。一方面，大学生要注意横向区域政策的差异。同一行政级别不同区域的创新创业政策不尽相同；另一方面，大学生要注意纵向区域政策的细化补充。具有行政区划从属关系的区域，一般存在下级区域对上级区域政策的进一步细化补充。大学生要特别注意政策区域性的特点，结合自身所处的区域实际，用准、用好、用足创新创业优惠政策。

最后，要把握政策的综合性。为了促进和扶持大学生创新创业，从国务院、相关部委到省、市、县（区）等各级地方人民政府都出台了大量相关的政策文件，形成了数量众多、内容广泛的大学生创新创业优惠政策，因而呈现出系统性和综合性的特点。国家和地方对大学生创新创业的政策扶持是全方位的。大学生应该把握创新创业政策综合性的特点，充分用好国家和地方的全方位的创新创业政策。这就要求大学生从入学开始，尽早设计职业规划，按照时间节点有计划、分步骤地利用创新创业政策，以便享受创新创业政策的一揽子帮扶。

思考题

1. 与新创企业直接相关的基本法律有哪些？
2. 有利于大学生创业的政策有哪些？

参 考 文 献

[1] 李家华,郭朝辉. 大学生创新创业基础[M]. 北京:高等教育出版社,2020.

[2] 曹敏. 大学生创业基础[M]. 2版. 北京:高等教育出版社,2022.

[3] 王艳茹. 创业基础如何教:原理、方法与技巧[M]. 北京:清华大学出版社,2017.

[4] 杜永红,梁林蒙. 大学生创新创业教育:基于互联网+视角[M]. 北京:清华大学出版社,2016.

[5] 陈永奎. 大学生创新创业基础教程[M]. 北京:经济管理出版社,2015.

[6] 李德平. 大学生创业教育理念与实践研究[M]. 北京:人民出版社,2013.

[7] 刘辉,李强,王秀艳. 大学生创新创业教程[M]. 上海:上海交通大学出版社,2016.

[8] 任军,王清,郭超. 大学生创业基础[M]. 北京:北京邮电大学出版社,2016.

[9] 汪戎. 创业基础:大学生创业理论与实务[M]. 北京:高等教育出版社,2014.

[10] 张兵. 大学生创新创业基础[M]. 2版. 北京:高等教育出版社,2019.

[11] 殷朝华,许永辉,翁景德. 大学生创新创业基础[M]. 上海:上海交通大学出版社,2016.

[12] 徐俊祥,徐焕然. 创未来:大学生创业基础知能训练教程[M]. 2版. 北京:现代教育出版社,2017.

[13] 史梅,徐俊祥,白冰. 大学生创新与创业指导[M]. 北京:现代教育出版社,2015.

[14] 吴晓义. 创业基础理论、案例与实训[M]. 2版. 北京:中国人民大学出版社,2019.

[15] 张志宏,崔爱惠,刘轶群. 大学生创新与创业训练教程[M]. 北京:现代教育出版社,2017.

郑重声明

高等教育出版社依法对本书享有专有出版权。任何未经许可的复制、销售行为均违反《中华人民共和国著作权法》，其行为人将承担相应的民事责任和行政责任；构成犯罪的，将被依法追究刑事责任。为了维护市场秩序，保护读者的合法权益，避免读者误用盗版书造成不良后果，我社将配合行政执法部门和司法机关对违法犯罪的单位和个人进行严厉打击。社会各界人士如发现上述侵权行为，希望及时举报，我社将奖励举报有功人员。

反盗版举报电话　（010）58581999　58582371
反盗版举报邮箱　dd@hep.com.cn
通信地址　北京市西城区德外大街4号　高等教育出版社法律事务部
邮政编码　100120

教学资源服务指南

扫描下方二维码，关注微信公众号"高教社极简通识"，学生可学习名校通识课，教师可学习教师培训课程、免费申请课件和样书、观看直播回放等。

名校通识课

点击导航栏中的"名校通识"，点击子菜单中的"课程专栏"，即可选择相应课程进行学习。

教师培训

点击导航栏中的"教师培训"，点击子菜单中的"培训课程"，即可选择相应课程进行学习。

教学资源服务指南

🎯 课件申请

点击导航栏中的"教学服务",点击子菜单中的"课件申请",填写相关信息即可申请课件。

🎯 样书申请

点击导航栏中的"教学服务",点击子菜单中的"免费样书",填写相关信息即可免费申请样书。